I0704430

El mundo está CAMBIANDO ¿Y tú?

Cómo gestionar el estrés, reinventarte y lograr lo que quieres

ROSANA ROSSI

El mundo está cambiando... ¿Y tú?

Índice

Introducción

«No es la especie más fuerte la que sobrevive, ni la más inteligente, sino la que responde mejor al cambio». Charles Darwin

Tú puedes ser el líder de tu vida, gestionar el estrés, reinventarte y lograr lo que quieres.

Recuerda, que cuanto más practiques y menos certezas tengas, más fácil te resultará navegar por este mundo de cambios rápidos e imprevisibles.

Por mi experiencia personal, sé que las herramientas que encontrarás en este libro funcionan. Además, en mi trabajo profesional, he comprobado lo positivo que ha sido este proceso en muchísimas personas que han conseguido resultados excelentes.

El aprendizaje es la gran inversión para lograr tu mejor versión. Si te abres a él, puedes transformarte. Modificar tu forma de observar y tus interpretaciones. Enriquecer tu actitud y relaciones, aumentar tu potencial y confianza. Gestionar tus emociones y estados de ánimo. Sentirte en paz, ser feliz. Expandir tus recursos de adaptación y cambio para una vida plena. Optimizar tu capacidad de decisión y acción para alcanzar los resultados personales y laborales que te propongas. Mejorar tu salud integral y disminuir tu estrés.

¿Sabías que más del cincuenta por ciento de las personas que acuden al médico por alguna dolencia, sufren de estrés crónico?

El 20 de mayo de 2019, la Organización Mundial de la Salud (OMS) declaró al estrés crónico como una de las nuevas perturbaciones de la vida moderna. «El desgaste profesional se suma al apartado de problemas relacionados con el empleo o desempleo y se define como un síndrome que resulta del estrés crónico, gestionado sin éxito en el lugar de trabajo… Las personas reaccionan al estrés de diferentes maneras, dependiendo de su resistencia psicológica… El estrés laboral es uno de los diez problemas principales de salud relacionados con el trabajo, a menudo un precursor de serias dificultades de salud mental y un importante objetivo para las actividades de promoción y prevención de la salud y la salud mental».

A esto, debes sumarle, todas las responsabilidades a las que cada ser humano tiene que responder en otros ámbitos de su vida y se empeora el cuadro si la persona no tiene trabajo.

Todos tenemos un poco de estrés, aunque no todos sabemos cómo tramitarlo.

Cuando aprendas a utilizar las herramientas de este libro, podrás gestionar tu estrés y algunas emociones asociadas como el enojo, la exigencia y el miedo.

Eliminarás preocupaciones innecesarias, disminuirá tu ansiedad, optimizarás tu calidad de vida, fortalecerás tu sistema inmune, sentirás más confianza en ti y en los demás, alegría y tranquilidad.

Mejorarás la comunicación contigo y con otras personas. Aumentará tu eficiencia y tomarás acertadas decisiones en tu vida personal y profesional.

El estrés se produce por un desequilibrio entre las demandas ambientales que tú percibes y tu capacidad de responder a ellas. En principio, la función del estrés es que te adaptes a los cambios del medio ambiente, es el conjunto de reacciones que preparan a tu organismo para la acción. Cuando las demandas del entorno son excesivas, intensas o prolongadas, hablamos de estrés crónico.

El estrés crónico se manifiesta con diversos síntomas, puedes sentir agotamiento físico, emocional y mental, que afecta negativamente a tu autoestima. Asimismo, a tu salud, con problemas estomacales, dolores de cabeza, enfermedades cutáneas, insuficiencias cardíacas y muchas otras dolencias físicas. Aparecen sentimientos de inseguridad, insomnio, enojo excesivo, miedo, ataques de pánico, ansiedad, fatiga emocional, depresión, abuso de alcohol y sustancias, etc. Entonces, disminuyen tus habilidades para responder a las circunstancias y lograr los resultados que buscas, retroalimentando tu estrés.

Cuando sufres de estrés crónico, a veces no eres consciente de lo que te ocurre, pues te has acostumbrado a esta situación, aunque no la hayas superado. Esto te puede provocar un efecto perjudicial, lo que se conoce como la indefensión aprendida, que te dificulta la búsqueda de ayuda y tratamiento.

Los estresores en el proceso de adaptación, a este mundo tan cambiante e impredecible, son muchos. Sin embargo, no son los estresores en sí los que provocan el estrés crónico. Lo que te produce este estrés son tus interpretaciones sobre los sucesos que acontecen en tu vida y tu modo de afrontarlos.

La manera en que tú percibes e interpretas lo que te rodea, tus decisiones de respuesta a esos estímulos y las acciones que realizas, revelan quién estás siendo, y tu forma de observar las situaciones que experimentas.

Si haces todo lo posible y no obtienes lo que quieres en tu vida personal y/o profesional, puedes darte cuenta que, para concretar tus propósitos, no es suficiente poner todo tu esfuerzo en el «hacer para tener».

Entonces, es necesario que te enfoques en ti, el Ser humano, que te cuestiones tu forma de mirar las cosas, de pensar e interpretar, tus creencias, tu comunicación, tus emociones y tus acciones. En otras palabras, que te preguntes: ¿quién estás siendo tú ahora, que no logras lo que deseas y que sufres de estrés, con todo el daño físico, emocional y cognitivo que te provoca?

Tu adaptación a este mundo de cambio acelerado y continuo implica una transformación del Ser, del observador que eres y esto depende de los recursos que tengas en el proceso de aprendizaje.

De acuerdo con todo lo dicho, vas a necesitar ser humilde para reconocer que hay muchas cosas que no sabes, para acortar el camino entre lo que desconoces y lo que quieres aprender, entre lo que sientes y lo que quieres sentir, entre lo que no puedes y lo que quieres lograr.

«En tiempos de cambio, quienes estén abiertos al aprendizaje se adueñarán del futuro, mientras que aquellos que creen saberlo todo estarán bien equipados para un mundo que ya no existe». Eric Hoffer

Aprender significa que tú incorpores conocimientos y habilidades que te permitan realizar nuevas acciones efectivas. Es decir, que puedas accionar para conseguir resultados, que antes de este aprendizaje, estaban fuera de tus posibilidades.

Si cambias tu mirada, te abres al aprendizaje y eliges transformarte, aumentas tus recursos de adaptación al cambio. Por lo tanto, tienes más oportunidades para alcanzar los objetivos que deseas y disminuye tu estrés.

Para lograr esto, es necesario que sueltes tus creencias limitantes y salgas de tu zona de confort, porque es fuera de ella donde están las nuevas alternativas.

Cuento Zen

En un monasterio había un discípulo que desafiaba siempre a su maestro. Cierta vez, ocultando a sus espaldas a un pájaro que sostenía en las manos, el discípulo se paró desafiante ante el maestro y le preguntó:

—Maestro, aquí detrás de mí tengo un pájaro. Dígame usted que lo sabe todo: ¿está vivo o está muerto?

De tal modo, si decía que el pájaro estaba vivo lo ahorcaba y si decía que estaba muerto abriría sus manos y lo dejaría volar.

El maestro lo miró a los ojos con respeto y compasión, respiró profundamente y con mucho amor le respondió:

—Eso depende de ti. La solución está en tus manos.

Hoy el mundo entero está en crisis, todo es incertidumbre. Por esto, necesitas aprender a utilizar algunos recursos que te permitan crear nuevas respuestas para navegar el ahora en paz, para gestionar el estrés crónico que limita tus opciones de realización y que, además, puede enfermarte.

Asimismo, cuando sepas usar las competencias que están en este libro, vas a poder reinventarte cuando lo creas necesario. Cada vez tú lo elijas, vas a modificar tu mirada ya que toda acción nace del tipo de observador que seas.

«El observador es la forma particular en que un individuo otorga sentido a la situación que enfrenta, antes de intervenir en ella. En consecuencia, al transformar el observador, construimos nuevos y diferentes sentidos, que transformarán también nuestras acciones». Leonardo Wolk

De este modo, con las habilidades para responder a tus circunstancias, eres el responsable de lograr lo tú quieres. ¿Quién quieres Ser? ¿Qué anhelas que ocurra en tu vida? ¿Cómo vas a accionar para concretar tus propósitos? **La respuesta está en tus manos.**

«El secreto del cambio es enfocar toda tu energía, no en la lucha contra lo viejo, sino en la construcción de lo nuevo». *Sócrates*

Historia del Águila

El águila es el ave que posee la mayor longevidad de su especie. Puede vivir setenta años. Aunque para lograrlo, en su cuarta década de vida tiene que tomar una seria decisión, morir o transformarse.

A los cuarenta años, sus uñas curvas y flexibles, no consiguen agarrar a las presas de las que se alimenta. Su pico alargado y puntiagudo, se curva hacia su pecho. Las alas están envejecidas, sus plumas pesadas y gruesas. ¡Volar es muy difícil! Entonces, el águila, tiene dos alternativas: morir o enfrentar un proceso de renovación, que durará ciento cincuenta días.

Este proceso consiste en ir a lo alto de una montaña y refugiarse en un nido, próximo a una pared, donde no necesite volar. Apenas encuentra ese lugar, el águila comienza a golpear su pico contra el muro, hasta arrancárselo. Luego, espera a que nazcas un pico nuevo, con el que se saca sus viejas uñas. Cuando las nuevas comienzan a crecer, prosigue y se quita sus antiguas plumas. Después de cinco meses, sale victoriosa para su famoso vuelo de renovación, y desde ahí dispone de treinta años más de vida.

Reflexión:

Todos en algún momento de nuestra vida nos encontramos en la situación del águila. Las dificultades nos sacuden y nuestra actitud es determinante para sobreponernos y seguir adelante. Como el águila puedes elegir entre abandonarte a las circunstancias y morir en vida o despertar. Afrontar los momentos de incertidumbre y cambio, aprovechándolos para transformarte, para aprender a reinventarte y crecer.

«La vida no se trata de encontrarte a ti mismo. La vida se trata de crearte a ti mismo». George Bernard Show

Capítulo 1

EL PODER DEL "AHORA"

«Conocerte a ti mismo como el Ser debajo del pensador, la quietud debajo del ruido mental, el amor y la alegría debajo del dolor, es la libertad, la salvación y la iluminación». Eckhart Tolle

Si no es ahora, ¿cuándo? Si no es aquí, ¿dónde? Si no eres tú, ¿quién?

El momento presente, el ahora, es la clave de la liberación.

Darte cuenta es tomar consciencia del momento presente. Se trata de una experiencia global, subjetiva, que no pasa por el intelecto sino por el Ser total. Significa aprehender con todos tus sentidos y ser consciente de tu particularidad, como Ser único y auténtico.

Pensamiento y consciencia no son sinónimos. El pensamiento es sólo un pequeño aspecto de tu consciencia. Ser consciente significa levantarte por encima del pensamiento, utilizando la mente de una forma mucho más enfocada y efectiva.

«El pensamiento no puede existir sin la consciencia, pero la consciencia no necesita al pensamiento». Eckhart Tolle

La mente busca escapar del momento presente, porque el ahora es atemporal y la mente no puede controlar sin el tiempo pasado y futuro.

Mientras no accedas al poder del ahora, cualquier dolor emocional que experimentes, dejará residuos de sufrimiento que permanecerán contigo y en tanto estés identificado con la mente, el ego gobernará tu vida.

La mente no es disfuncional, es una herramienta maravillosa; la anomalía se presenta cuando buscas tu identidad en ella y la confundes con tu Ser. El poder del ahora es tu poder de estar en el presente. Es tu consciencia liberada de tu mente. Es estar atento, perceptivo y arraigado a tu interior.

Hoy más que nunca, en el mundo en el que estás viviendo, necesitas una transformación profunda de consciencia y esta posibilidad está disponible aquí y ahora.

Puedes alcanzar el estado del despertar de consciencia y sostenerlo en la vida cotidiana. Liberarte de lo falso, lo que no eres y de sus manifestaciones en tu conducta.

Tomar consciencia es simplemente el estado natural de sentir unidad con tu Ser. La incapacidad de experimentar esta conexión da lugar a la ilusión de separación con el mundo que te rodea.

Por lo tanto, si te percibes como un fragmento aislado; surge el miedo y el conflicto, tanto interior como exterior, y se vuelve una norma.

Despertar o la iluminación es recuperar la consciencia del Ser y permanecer en estado de sentimiento-realización, que sólo logras cuando toda tu atención está plenamente en el ahora, en el momento presente.

Es un estado de totalidad, de paz, de unión tanto con el mundo como con tu Ser. Es el fin de tu sufrimiento, del continuo conflicto interior-exterior y de la esclavitud del pensamiento incesante.

Puesto que Ser, presencia y vida son sinónimos podríamos decir que el poder del ahora es la consciencia dándose cuenta del Ser, o la vida alcanzando la autoconsciencia.

No vas a poder entender mentalmente tu toma de consciencia. La identificación con tu mente hace que tu pensamiento se vuelva compulsivo. Tu mente es un instrumento magnífico si lo usas correctamente, pero pensar se ha vuelto una enfermedad. Esta enfermedad se presenta cuando hay un desequilibrio y tu identificación con tu mente bloquea toda relación verdadera con tu Ser total y con el mundo.

El paso más importante del camino hacia el despertar de tu consciencia es que dejes de identificarte con tu mente. En otras palabras, que te liberes de los pensamientos apremiantes, de esa continua «voz mental» que revisa el pasado e imagina el futuro, que te lleva de la angustia a la ansiedad y al estrés, que hace que imagines resultados negativos y problemas, siendo ellos irrelevantes en el momento presente.

Para liberarte de tu mente tienes que prestar atención a esos pensamientos constantes, a esa «voz», como un observador imparcial, sin hacer juicios. Entonces, tus pensamientos pierden poder y te sientes en calma, porque no le das energía a la mente por medio de tu identificación con ella; este es, el comienzo de la finalización de tu parloteo mental involuntario y compulsivo.

Cuando estos pensamientos pierden fuerza, experimentas una sensación de quietud y paz. En este estado de presencia, de unión interior, estás con más atención, con mejor percepción y con mayor energía, que cuando te identificas con los apremiantes e incesantes pensamientos de tu mente.

Liberarte de tu mente, es aprender a silenciarla, siendo intensamente consciente del momento presente. Esta es la esencia de la meditación. Recuerda, el aquí y ahora, es la clave de la liberación.

Otro aspecto del dolor emocional es una profunda sensación, consciente o inconsciente, de carencia o falta de totalidad, de no estar completo. Así es como frecuentemente, te embarcas en una persecución incesante de gratificaciones para el ego y de cosas externas con las cuales te identificas para llenar el vacío. Sin embargo, al obtenerlas, descubres que el vacío sigue allí y que no tiene fondo.

«Las cosas y las condiciones externas pueden darle placer, pero no pueden darle alegría. Nada puede darle alegría. La alegría no tiene causa y surge de adentro como alegría de Ser». Eckhart Tolle.

Tarde o temprano, tendrás que renunciar a todo eso y darte cuenta que tu identidad no se encuentra en ninguna de estas cosas. El secreto está en desnudarte de todo lo que no eres.

Los problemas de la mente, no se resuelven en el nivel de la mente. La mecánica básica del estado inconsciente es la identificación con ella que produce un falso ser: tu ego como sustituto de tu yo arraigado en el Ser. La mente es un instrumento muy bueno; la equivocación se presenta cuando buscas tu identidad en ella y la confundes con quien realmente eres.

La mente necesita al tiempo, si la separas de él, ella se detiene. Cuando te identificas con la mente estás en el pasado o en el futuro, esto crea angustia, depresión, preocupación, ansiedad, estrés y una negación a reconocer el presente. El ahora es lo más precioso que hay, porque es el único espacio donde se despliega la totalidad de la vida.

Puedes aprender a usar el tiempo en los aspectos prácticos de tu vida, aunque tienes que volver inmediatamente al momento presente, cuando hayas resuelto esos asuntos. De esta forma, no habrá acumulación del «tiempo psicológico», que es la identificación con el pasado y la proyección compulsiva hacia el futuro.

Cuando te colmas de problemas no hay espacio para algo nuevo. Un problema significa detenerte en una situación mental y convertirla en parte de tu identidad, sin que haya una verdadera intención o posibilidad de actuar en el presente. Aunque, es insustancial tener un problema cuando tu atención está anclada en el ahora.

Si creas un problema, creas dolor. Si honras el momento presente toda la infelicidad se disuelve y la vida empieza a fluir con armonía. De este modo, no necesitas preocuparte por el fruto de tus acciones sino prestarle atención a la acción misma, y el fruto vendrá por añadidura.

Ser libre del tiempo es ser libre de la necesidad psicológica del pasado para la identidad y del futuro para la realización.

Lo esencial es traer más consciencia a tu vida en situaciones ordinarias y que crezca tu presencia. Para esto, verifica, con frecuencia, tu estado mental y emocional mediante tu propia observación, reconoce lo negativo, lo que te hace sufrir y déjalo ir.

El poder del ahora es el poder de la presencia, es la consciencia liberada del pensamiento, es estar atento y firmemente arraigado a tu interior. La mente debe estar quieta para ser consciente de la belleza de la naturaleza.

Cuanto mayor es la brecha entre tu percepción y tu pensamiento, más consciente eres.

Siempre que observas a la mente, separando la consciencia de las formas físicas y mentales, tú te vuelves más fuerte y ellas se debilitan. La consciencia liberada de la identificación con las formas, es la consciencia pura o iluminada, es presencia.

El silencio es un potente portador, escuchar el silencio es una forma fácil y directa de hacerte presente.

En el Ser, el sujeto y el objeto se mezclan. El Ser puede percibirse como el yo siempre presente, que está más allá del nombre y de la forma. Saber y sentir quién estás siendo, viviendo profundamente arraigado al ahora, te hará libre del miedo, de la ilusión de que no eres más que cuerpo físico y mente.

Para llegar a ser consciente de tu Ser tienes que recuperar tu consciencia de la mente. Una forma efectiva de hacerlo es alejar tu atención del pensamiento y dirigirla al cuerpo, concentrándote en cómo lo percibes. Así, la transformación ocurre a través del cuerpo. La clave es estar en estado permanente de conexión con la energía interior de tu cuerpo y sentirlo en todo momento.

La presencia es consciencia pura, reclamada a la mente y al mundo de la forma. El cuerpo interior o energía interna, es su vínculo con lo no manifestado, que recuerda tu origen y te retorna a la fuente. Es decir, puedes seguir teniendo la forma actual y al mismo tiempo, ser consciente de todo lo que no tiene forma, lo que nunca muere y está en lo profundo de tu Ser.

La consciencia del cuerpo o energía interior tiene el beneficio de reducir significativamente las consecuencias del paso de los años del cuerpo físico.

Cuando eres consciente y logras vivir en el presente, te conectas con la energía interior del cuerpo que no pertenece al tiempo, no acumulas tiempo en tu psiquis, ni en tus células, lo que hace más lento tu envejecimiento.

Otro beneficio de esta práctica, es el fortalecimiento del sistema inmunológico. Cuanto más consciente eres menos estrés tienes y mejor es tu sistema inmune, salud física, cognitiva y psíquica.

Conectarte con tu energía interna, te ayuda a potenciar tu creatividad, ya sea para ideas, respuestas, soluciones y toma de decisiones. Del mismo modo, colabora en el mejoramiento de tus relaciones, puesto que incrementas tu atención y maximizas tu escucha.

El camino de acceso es el ahora. La presencia consciente es un estado de liberación del miedo, del sufrimiento, de la ilusión de carencia e insuficiencia; por lo tanto, de toda escasez y apego. Es ser libre del pensamiento compulsivo, del pasado y del futuro como una necesidad psicológica.

La práctica de todo lo dicho disminuye, notoriamente, tu nivel de estrés y mejora tu calidad de vida.

«Yo no soy el contenido de mi vida. Yo soy vida. Yo soy el espacio en el que ocurren todas las cosas. Yo soy conciencia. Yo soy el ahora. Yo soy.» Eckhart Tolle

Capítulo 2

EL SILENCIO

DESIDERATA. MAX EHRMANN

Anda plácidamente entre el ruido y la prisa
y recuerda la paz que puede haber en el silencio.
Vive en buenos términos con todas las personas
todo lo que puedas, sin rendirte.
Di tu verdad tranquila y claramente,
escucha a los demás, incluso al aburrido y al ignorante;
ellos también tienen su historia.
Evita a las personas ruidosas y agresivas,
sin vejaciones al espíritu.
Si te comparas con otros puedes volverte vanidoso y amargo;
porque siempre habrá personas más grandes, y más pequeñas que tú.
Disfruta de tus logros así como de tus planes.
Mantén el interés en tu propia carrera, aunque sea humilde,
es una verdadera posesión en las cambiantes fortunas del tiempo.
Usa la precaución en tus negocios, porque el mundo está lleno de
trampas.
Pero no por eso te niegues a la virtud que pueda existir.
Mucha gente lucha por altos ideales
y en todas partes la vida está llena de heroísmo.
¡Sé tú mismo!, especialmente no finjas afectos

tampoco seas cínico respecto del amor
porque frente a toda aridez y desencanto
el amor es perenne como la hierba.
Recoge mansamente el consejo de los años,
renunciando graciosamente a las cosas de juventud.
Nutre tu fuerza espiritual para que te proteja en la desgracia repentina
pero no te angusties con fantasías.
Muchos temores nacen de la fatiga y la soledad;
junto con una sana disciplina, sé amable contigo mismo.
Tú eres una criatura del Universo,
no menos que los árboles y las estrellas;
tú tienes derecho a estar aquí
y te resulte evidente o no
sin duda el universo se desenvuelve como debe.
Por lo tanto, mantente en paz con Dios
de cualquier modo que lo concibas
y cualesquiera sean tus trabajos y aspiraciones,
mantén en la ruidosa confusión, paz con tu alma
con todas sus farsas y sueños rotos
éste sigue siendo un mundo hermoso.
Ten cuidado...
Esfuérzate en ser feliz.

Prestar atención al silencio exterior crea silencio interior, la mente se relaja y así se abre otra puerta a lo No Manifestado. Lo No Manifestado está presente en el silencio y también en todo el universo físico como espacio interior y exterior, ambos son quietud, la matriz infinitamente creativa de toda existencia que se encuentra en estado de presencia.

Lo No Manifestado es la fuente del Chi. El Chi es el campo de energía interior del cuerpo, el vínculo entre el yo exterior y lo No Manifestado. El Chi es movimiento, lo No Manifestado es quietud.

Haces un viaje a lo No Manifestado cuando entras en la fase de dormir profundo, sin sueños y extraes la energía vital que te sostiene al regresar a lo manifestado, al mundo de las formas separadas.

El ahora se considera la puerta principal a lo No Manifestado.

Otra puerta se abre cuando aquietas tu pensar. Por ejemplo, al hacer una respiración consciente o al mirar algo placentero en un estado de atención plena.

«En el silencio de la mente, se escucha la música de tu corazón».

La entrega, el abandono de la resistencia mental-emocional es otra entrada a lo No Manifestado. En situación de entrega tu identidad formal se suaviza y se vuelve transparente, de modo que lo No Manifestado, la quietud, brilla a través de ti.

Cada puerta es un acceso hacia la muerte del falso ser, a la identidad psicológica hecha por la mente. Entonces, comprendes que esa muerte es el final de la ilusión de tu identificación mental de todo lo que no eres, que sólo te hace sufrir si te aferras a ella.

Para abrirle un espacio al ahora, el reconocido escritor alemán, Eckhart Tolle propone usar tus sentidos plenamente. Mirar a tu alrededor sin interpretar.

Para lograrlo puedes observar la luz, las formas, los colores, las texturas, la naturaleza y ser consciente de lo que permite que todo sea. Abrazar un árbol. Distinguir las fragancias de las flores, la hierba recién cortada y otras. Escuchar los sonidos y el silencio que hay debajo de ellos, sin juzgar. Tocar diferentes cosas y sentirlas. Concentrarte en tu respiración y percibir la energía de vida que hay dentro de tu cuerpo.

Otra manera de parar el parloteo mental y conectarte con el Ser, es haciendo una respiración consciente. Respira con el diafragma, inspirando por la nariz y exhalando por la nariz o por la boca, varias veces, con tus ojos cerrados visualizando una imagen que te produzca paz. Si quieres hacerlo con los ojos abiertos, mira con plena atención algo que te guste y tranquilice.

También tienes la posibilidad de hacer una respiración contada: inspiras en cuatro segundos, retienes en dos, exhalas en cuatro, retienes en dos, con la práctica podrás aumentar la cantidad de segundos. La respiración la puedes variar tapando un orificio de tu nariz e inspiras contando hasta cuatro, retienes en dos, exhalas en cuatro y retienes en dos. Luego, cambias de lado, tapando el otro orificio de tu nariz y haces lo mismo. Respirando siempre con el diafragma y repitiéndolo todas las veces que puedas.

Una opción para silenciar tu mente es la meditación, respirando lento y profundo con el diafragma. Puedes practicarla tomando la actividad de meditar como una rutina, que normalmente es un medio para un fin. Por otro lado, puedes decidir prestarle completa atención a la meditación convirtiéndola en un fin en sí misma.Cualquiera sea la forma de práctica que elijas, tienes la posibilidad de medir tu éxito con el grado de paz interior que experimentes. Hay muchas meditaciones guiadas en YouTube, páginas web, aplicaciones o plataformas, elige la que más te guste. Una posibilidad, son las de Deepak Chopra. Medita de cinco a veinte minutos diarios o más.

Es posible que los pensamientos lleguen a tu mente, no te resistas, déjalos pasar sin enfocarte en ellos. Se paciente, a medida que practiques irás mejorando.

Si adoptas estas técnicas de respiración y meditación como una rutina, si las conviertes en un hábito, sentirás cada día mayor bienestar y comprobarás cómo mejora tu calidad de vida. La respiración consciente y la meditación disminuyen tu estrés y ansiedad, te ayudan a armonizarte, a estar presente y a sentirte paz.

«Cuida tus pensamientos, porque se convertirán en tus palabras. Cuida tus palabras, porque se convertirán en tus actos. Cuida tus actos, porque convertirán en tus hábitos. Cuida tus hábitos, porque se convertirán en tu destino». Mahatma Gandhi

Capítulo 3

APRENDIZAJE Y SUS ENEMIGOS

«El aprendizaje es experiencia, lo demás es información».
Albert Einstein

Aprender es incorporar conocimientos y habilidades que te permitan realizar acciones nuevas y efectivas, que antes de este aprendizaje no podías hacer.

Regálate la posibilidad de aprender con tu cuerpo, lenguaje y emociones.

Si quieres aprender algo, tienes que salir de tu zona de confort, soltar tus creencias limitantes y abrirte a lo desconocido para cambiar tus interpretaciones, porque las oportunidades están fuera de tu área de comodidad.

A través del aprendizaje te das la posibilidad de recrearte, de hacer cosas que antes no podías. Inclusive, expandes tu creatividad para diseñar quien quieres ser y mejoras tu capacidad de acción efectiva, autónoma y recurrente, para lograr lo que quieres.

Es posible, que tengas creencias y hábitos que en el pasado te fueron útiles. Te preguntaste si ¿ellos te sirven hoy? Quizás, algunos ya no te ayuden a conseguir los resultados que ahora deseas.

Por eso, reflexiona y suéltalos, ábrete a lo desconocido saliendo de tu caja de creencias, porque es fuera de tu lugar cómodo donde están las posibilidades para aprender lo que necesitas ahora.

Conocer es tener información sobre determinado tema. En cambio, saber implica tener las habilidades para poner tu conocimiento en prácticas eficientes, que te permitan obtener los resultados que te propones tanto en tu vida personal como en la laboral. Aprender es incorporar un nuevo «saber accionar».

Tú aprendes mejor desde lo emocional, por ejemplo, cuando sientes curiosidad, alegría y entusiasmo.

Aprender es diferente a adquirir conocimiento, aprender significa cambiar. Para elegir el cambio te hace falta una actitud de humildad, flexibilidad y valentía.

Puedes estar siendo inconscientemente incompetente, o sea, no sabes lo que no sabes. O conscientemente incompetente, es decir, sabes que no sabes algo que necesitas para tu transformación. Cambiar hábitos y creencias no es fácil porque usualmente están grabados en tu inconsciente. Sin embargo, si sueltas lo que ya no te sirve y comienzas a aprender lo que no sabes, te transformas en un ser conscientemente competente. Aunque, esto no alcanza, no es suficiente que tú realices la nueva acción una o dos veces bien, necesitas practicar mucho para aprehenderlo e incorporarlo hasta que seas inconscientemente competente.

Por ejemplo, cuando aprendes a conducir un automóvil. Primero, eres inconscientemente incompetente, no sabes ni lo que no sabes. Luego, eres conscientemente incompetente, empiezas a ver lo mucho que tienes por aprender. Más tarde, manejas el vehículo pensando cada movimiento. Finalmente, después de mucha práctica, lo haces automáticamente, lo aprendiste y aprehendiste, conduces casi sin pensar cada movimiento, porque todo está grabado en tu inconsciente.

El proceso de aprender, desaprender y reaprender, debe ser un ciclo constante a lo largo de tu vida.

Con el tiempo. Autor desconocido

Con el tiempo, uno aprende la sutil diferencia entre sostener una mano y encadenar un alma.

Y uno aprende que el AMOR no significa acostarse.

Y que una compañía no significa seguridad, y uno empieza a aprender, que los besos no son contratos y los regalos no son promesas,

y uno empieza a aceptar sus derrotas con la cabeza alta y los ojos abiertos,

y uno aprende a construir todos sus caminos en el hoy, porque el terreno del mañana es demasiado inseguro para planes...

y los futuros tienen su forma de caerse por la mitad.

Y después de un tiempo uno aprende que, si es demasiado, hasta el calor del sol puede quemar.

Así que uno planta su propio jardín y decora su propia alma, en lugar de esperar a que alguien le traiga flores.

Y uno aprende que realmente puede aguantar, que uno es realmente fuerte, que uno realmente vale, y uno aprende y aprende, y así cada día.

Con el tiempo aprendes que estar con alguien, porque te ofrece un buen futuro, significa que tarde o temprano querrás volver a tu pasado.

Con el tiempo comprendes que sólo quien es capaz de amarte con tus defectos sin pretender cambiarte, puede brindarte toda la felicidad.

Con el tiempo te das cuenta de que si estás con una persona sólo por acompañar tu soledad, irremediablemente acabarás no deseando volver a verla.

Con el tiempo aprendes que los verdaderos amigos son contados y que quien no lucha por ellos tarde o temprano se verá rodeado sólo de falsas amistades.

Con el tiempo aprendes que las palabras dichas en momentos de ira siguen hiriendo durante toda la vida.

Con el tiempo aprendes que disculpar cualquiera lo hace, pero perdonar es atributo sólo de almas grandes.

Con el tiempo comprendes que si has herido a un amigo duramente, es muy probable que la amistad jamás sea igual.

Con el tiempo te das cuenta que aún siendo feliz con tus amigos, lloras por aquellos que dejaste ir.

Con el tiempo te das cuenta de que cada experiencia vivida con cada persona es irrepetible.

Con el tiempo te das cuenta de que el que humilla o desprecia a un ser humano, tarde o temprano sufrirá multiplicadas, las mismas humillaciones o desprecios.

Con el tiempo aprendes a construir todos tus caminos en el hoy, porque el sendero del mañana no existe.

Con el tiempo comprendes que apresurar las cosas y forzarlas a que pasen, ocasiona que al final no sean como esperabas.

Con el tiempo te das cuenta de que en realidad lo mejor no era el futuro, sino el momento que estabas viviendo justo en ese instante.

Con el tiempo verás que aunque seas feliz con los que están a tu lado, añorarás a los que se marcharon.

Con el tiempo aprenderás a perdonar o pedir perdón, decir que amas, decir que extrañas, decir que necesitas, decir que quieres ser amigo, pues ante una tumba ya no tiene sentido.

¡Presta atención! Tus enemigos del aprendizaje pueden arruinarte la experiencia de aprender. Esos enemigos son hábitos o creencias que alguna vez creaste. Sin embargo, si ahora limitan que disfrutes del aprendizaje, puedes elegir quitarles el poder que les diste y transformarlos.

Si no te sientes como quieres ¿para qué sigues dándoles fuerza a esos saboteadores, que impiden la realización de tus propósitos?

Primero, tienes que distinguir cuáles son tus enemigos, para poder cambiar los que dificultan tu proceso de aprender. Cuando decides eres libre, eres la persona que eliges Ser.

IDENTIFICA TUS ENEMIGOS DEL APRENDIZAJE

1. **Incapacidad de declarar ignorancia**: Expresas que lo sabes todo, pero no es verdad. Te comprometes más con tu imagen y con el que dirán los otros, que con tu propio crecimiento. ¿Qué crees que pasará o qué hablará la gente si afirmas que no sabes? Cuando dices, no sé, eres humilde, reconoces tu ignorancia y te permites aprender.

2. **Incapacidad de reconocer espacios de ceguera**: Ocurre cuando no admites «yo no sé lo qué no sé». Todos tenemos puntos ciegos. Por ejemplo, la incapacidad de reconocer espacios de ceguera se produce cuando crees que sabes lo que otra persona piensa, siente, etc. ¿Puedes saber esto sin preguntar? No, tú sólo sabes lo que tú piensas,sientes,etc. Reconocer los espacios de ceguera te devuelve el poder de ser el líder de tu vida.

3. **Querer tener todo claro todo el tiempo**: ¿Necesitas explicaciones de cada cosa? ¿Todo tiene que pasar por tu razonamiento? Detrás de esto, está tu necesidad de control.

4. **Incapacidad de incorporar el cuerpo**: ¿Pasas todo, sólo por la razón? ¿Eres capaz de aceptar que aprendes con tu cuerpo y que él es el hacedor de todas las ideas que se te ocurren? Si estudias y no practicas, no aprendes. Tu cuerpo es una parte necesaria en el proceso de aprendizaje.

5. **Incapacidad de incorporar emociones**: ¿Eres capaz de incorporar tus emociones? Cuando lees o vives algo con tus emociones, nunca lo olvidas. En cambio, si lo haces sin emoción, queda en la memoria y tu memoria como la de cualquier computadora es limitada.

6. **Vivir juzgando casi todo**: Cuando juzgas hablas, no escuchas al otro y si no escuchas, no aprendes.

7. **No reconocer lo nuevo como nuevo**: Lo que sabes lo cubre todo. Si tienes dificultad para aceptar lo nuevo, lo diferente, los cambios, limitas tu aprendizaje.

8. **No tener tiempo**: Adquirir maestría toma tiempo. Cuando dices "no tengo tiempo" en realidad estás afirmando «no tengo tiempo para la incomodidad del aprendizaje». No te permites el tiempo que lleva el proceso de aprender, lo quieres todo ya.

9. **Creer que las explicaciones son la verdad**: La explicación habla de quien se expresa, no del hecho en sí. Si tú explicas, no aprendes. La explicación expone tu interpretación de tu saber, no de lo que puedes aprender.

10. **Adicción a la novedad**: La identificas cuando crees que todo lo nuevo es mejor de lo que sabes o estás aprendiendo. Si buscas en exceso lo inédito, empiezas a perder lo que sabías o aprendías. Cambias tan rápido a la novedad que no te das el tiempo necesario para aprender, practicar y afianzar el conocimiento.

11. **Creer que saber es sinónimo de tener razón**: Querer tener razón te cierra las posibilidades de relacionarte con otra persona y de aprender lo que esta te puede enseñar. Si ambas partes quieren tener razón, se produce un choque de cajas de creencias o del saber de cada una y ninguna de las dos va a poder aprender nada del otra.

12. **Adicción a las respuestas**: Si siempre das una respuesta es para mostrar que lo sabes todo y no te permites aprender.

13. **No puedo aprender dado quien soy «Yo soy así»:** Esto marca que tu compromiso está más en seguir en el sitio donde estás, que en ir a un nuevo lugar de aprendizaje, acciones y resultados diferentes. Por ejemplo, cuando dices no nací para eso, nunca podría, no soy buen para esto, etc. no te permites aprender porque afirmas que eres de determinada manera y no te abres al cambio.

Si tú identificas cuáles son tus enemigos del aprendizaje, puedes distinguir qué está limitando tu proceso, elegir qué acciones nuevas vas a realizar para aprender y lograr tus objetivos.

¿Con cuál de estos enemigos te identificas? ¿Qué aprendizaje no estás logrando? ¿Qué obtienes al sostener a ese enemigo?¿Qué posibilidades te estás negando? ¿Qué metas no estás alcanzando? ¿Qué enemigo debes distinguir y soltar para aprender y accionar de un modo diferente ?

LOS CUATRO ACUERDOS. MIGUEL RUIZ

NO SUPONGAS
No des nada por supuesto.
Si tienes una duda, aclárala.
Si sospechas, pregunta.
Suponer te hace inventar historias increíbles que sólo envenenan tu alma y no tienen fundamento.

HONRA TUS PALABRAS
Sé coherente con lo que piensas y con lo que haces.
Ser auténtico te hace respetable ante los demás y ante ti mismo.

HAZ SIEMPRE LO MEJOR
Si siempre haces lo mejor que puedes, nunca te recriminarás ni te arrepentirás de nada.

NO TE TOMES NADA COMO PERSONAL
En la medida que alguien te quiere lastimar, ese alguien se lastima a sí mismo y el problema es de él y no tuyo.

Capítulo 4

SER – HACER – TENER

«El amor a uno mismo es el punto de partida del crecimiento de la persona que siente el valor de hacerse responsable de su propia existencia.» Viktor Frankl

En la sociedad consumista en la que vivimos, se suele admirar a la gente por lo que hace y a valorarla por las cosas materiales que tiene. Dejando en último lugar —a veces olvidando—, la importancia del ser humano.

Nos fuimos acostumbrando a hacer para tener.

Hacer – Tener – Ser

Accionas para tener un resultado. Si alguna vez te sale bien, no hay ningún problema. Si no consigues lo que te propones, vuelves a intentarlo una y otra vez, entrando en un bucle que te frustra, que aumenta tu ansiedad y tu estrés. Y finalmente, terminas reaccionando frente al resultado que te disgusta.

¿Cómo sueles obtener los objetivos que te propones? Haciendo. Tal vez, hayas escuchado que si tu meta es lograr algo diferente, tienes que realizar algo distinto. Nadie alcanza nuevos resultados, haciendo más de lo mismo.

Sin embargo vemos, que en general, sólo con hacer no es suficiente para conseguir los objetivos deseados.

Ahora, más que nunca es necesario priorizar al ser humano, o sea, poner en primer lugar a la persona que realiza la acción para lograr el resultado, tú. Por lo tanto, si no cambias tu mirada, tu forma de observar la situación, lo más probable es que te limites para realizar acciones eficientes. Eres tú, el observador que estás siendo en el mundo, más tu accionar lo que genera el resultado.

Ser – Hacer – Tener

El mundo está cambiando tan rápido, que quizás no te detienes a evaluar si te estás adaptando al cambio y si realmente, estás siendo cómo quieres Ser. Esto te produce estrés, también puedes sentir ansiedad, exigencia, miedo, enojo y más, lo que afecta a tu salud física, psíquica y cognitiva. En consecuencia, disminuyen tus capacidades para afrontar las situaciones de tu vida, aumenta tu estrés, que al prolongarse en el tiempo se convierte en estrés crónico.

Tu forma de percibir, interpretar y comportarte frente a las circunstancias, reflejan cómo eres hoy, el observador que estás siendo. ¿Para qué te sirve ese modo de observar? ¿En qué te beneficia? ¿Quién estás siendo, que aún no consigues los resultados que quieres? ¿Qué significa la vida para ti? ¿Cómo te sientes emocionalmente? ¿Qué lugares ocupan tus afectos en tu vida? ¿Te gusta lo que haces? Si lo que haces dejara de existir ¿Qué realizarías? ¿Cómo puedes desarrollar tu potencial y liderar tu vida con éxito?

Algunas posibilidades son: desaprender para aprender, soltar tu ego, pues no hay transformación desde el ego. Bucear en tu interior, conocerte, aceptarte, superar tus limitaciones, cambiar creencias y con amor, abrazar tu propia sombra. Despertar.

Si necesitas gestionar tu ego, estos pasos pueden ayudarte: no te sientas ofendido. Libérate de la necesidad de ganar. Libérate de la necesidad de tener razón. Libérate de la necesidad de ser superior. Libérate de la necesidad de tener más cosas. Libérate de la necesidad de identificarte con tus logros. Libérate de la necesidad de tu fama.

Transita el camino desde tu ego hacia la esencia de tu Ser, con tu cuerpo, lenguaje y emociones. Sé auténtico y valórate, sin juicios, con amor, con compasión, sabiendo que siempre puedes elegir reinventarte y aprender todo lo que necesitas para lograrlo. La llave para tu propio conocimiento, aceptación y transformación siempre es el amor.

MURIÓ LA PERSONA QUE IMPEDÍA TU CRECIMIENTO (Autor desconocido)

Un día, cuando los trabajadores llegaron a su hora acostumbrada a trabajar, encontraron en la recepción un enorme letrero en el que estaba escrito:

AYER FALLECIÓ LA PERSONA QUE IMPEDÍA *SU CRECIMIENTO* EN ESTA EMPRESA. ESTÁ INVITADO AL VELATORIO, EN EL ÁREA DE ADMINISTRACIÓN.

Al comienzo, todos se entristecieron por la muerte de uno de sus compañeros, pero después comenzaron a sentir curiosidad por saber quién era el que estaba o estuvo impidiendo *su crecimiento en la empresa.*

La agitación en el área de administración se volvió tan grande que fue necesario llamar al personal de seguridad interna, para organizar una fila y hacer más fluido el último adiós al difunto.

Conforme las personas iban acercándose al ataúd, la excitación aumentaba: ¿quién será el que estaba impidiendo mi progreso?, decían unos; ¡qué bueno que el infeliz murió!, vociferaban otros, mientras la fila avanzaba despacio pero sin detenerse. Algunos se preguntaban entre ellos: ¿sería posible que esta persona realmente estuviera impidiendo mi progreso?, ¿por qué no le dieron un correctivo antes?

Uno a uno, los trabajadores, empleados, directivos también y personal de las demás áreas, agitados todos, inquietos algunos, reflexivos los menos, se aproximaban al ataúd, miraban al difunto y tragaban en seco.

Se quedaban unos segundos en el más absoluto silencio, sorprendidos, como si les hubieran tocado, en un instante, lo más profundo del alma. Era como si de repente cayeran en la cuenta de algo que era más que obvio y no habían tomado conciencia.

En el fondo del ataúd, adosado y envuelto entre linos y sedas, había un espejo.

Cada uno se veía a sí mismo, con el siguiente letrero grabado sobre él:

«Sólo existe una persona capaz de limitar tu crecimiento: ¡tú mismo!»

Tú eres la única persona que puede hacer una revolución en tu vida. Tú eres la única persona que puede perjudicar tu vida. Y tú eres la única persona que puede decidir ayudarse a sí misma. Tú eres tu propio líder.

Tu vida no cambia cuando te cambian al jefe o cuando algunos de tus amigos cambian; tampoco cambia cuando tus padres se separan o cambian en su forma tratarte. Tu vida no cambia cuando tu pareja cambia o decide alejarse de tu vida.

Tu vida cambia, cuando tú cambias y tú eres el único Ser responsable de ella.

Ser responsable significa que tengas la humildad y el coraje de aprender las habilidades que necesitas para Ser quien decides y para responder a las situaciones con acciones eficientes.

Examínate y no te dejes vencer por las circunstancias.

«Al hombre se le puede arrebatar todo salvo una cosa: la última de las libertades humanas –la elección de la actitud personal que debe adoptar frente al destino para decidir su propio camino».

Afirma Viktor Frankl, célebre psiquiatra, filósofo y escritor, que sobrevivió a los campos de concentración, donde perdió a su familia.

La manera en cómo tú enfrentas la vida, en cada momento, en cada situación, con cada persona, en cada crisis, hace la diferencia.

Ya has visto que el estrés se produce cuando hay una desigualdad entre las demandas que percibes del contexto y tu capacidad de responder a ellas. Para gestionar el estrés que te produce este mundo tan cambiante e impredecible, es necesario que te adaptes a las situaciones.

El proceso de adaptación supone una transformación del Ser, incorporando los diferentes aspectos socioculturales con los que entras en contacto. Entre ellos, asimilar las nuevas conductas sociales, costumbres, valores, la tecnología, economía y sistemas (educativo, de salud, financiero, etc.) para que tú puedas accionar dentro del nuevo mundo, con cierto grado de competencia y así minimizar tu nivel de estrés.

Tú puedes mejorar tus recursos y posibilidades de acción para lograr tus propósitos, si cambias tu punto de vista. Si reconoces que lo que observas es sólo tu estilo de darle sentido a las cosas. Si comprendes, compartes y aceptas que el otro es diferente y lo respetas. Si te abres al aprendizaje y decides transformarte.

El observador que estás siendo te puede abrir o cerrar posibilidades para lograr lo que tú quieres. Porque es tu forma de mirar el mundo más tus acciones, lo que produce el resultado.

En síntesis, si tu manera de ver las situaciones no te beneficia, si quien eres ahora no te alcanza para llegar a tus metas, puedes cambiar tu mirada. Puedes reinventarte, aprender lo que necesites y generar nuevos recursos que te abran posibilidades. Trabajar el Ser, tu observador, te devuelve el poder de elegir, de transformarte, de convertirte en el líder de tu propia vida y de accionar para lograr los resultados personales y profesionales que quieres.

«La felicidad es interior, no exterior; por lo tanto, no depende de lo que tenemos, sino de lo que somos.» Henry Van Dyke

El Ser se trabaja en tres dominios: el lenguaje, la emoción y el cuerpo. La coherencia, tu esencia es el espacio donde ellos confluyen. Funcionan como tres engranajes, si modificas uno se mueven los otros dos.

La contribución de estos tres aspectos es: el cuerpo aporta un cincuenta y cinco por ciento. Tu cuerpo comunica más de lo que tú dices (lenguaje no verbal) y con tu cuerpo accionas. La emoción proporciona un treinta y ocho por ciento. Y el lenguaje sólo brinda el siete por ciento.

Cuando comienzas a coordinar acciones entre lenguaje, emoción y cuerpo, te conectas con lo que tú quieres y además de ser coherente contigo, las otras personas te ven diferente y tu relación con el mundo cambia.

Por ejemplo, si modificas tu lenguaje de forma positiva, puedes maximizar tu comunicación y enriquecer tus relaciones, tomar mejores decisiones, organizar acuerdos contigo y con otros, abriendo un nuevo mundo de posibilidades personales y laborales. Entonces, tus emociones de bienestar fluyen y tu cuerpo flexible, se adapta al beneficioso cambio. Así, comienzas a optimizar tu potencial para alcanzar tus objetivos y a disminuir tu estrés.

Puedes comenzar a trabajar desde cualquiera de los tres dominios, porque si modifica uno de ellos se produce un cambio en los otros dos.

Tú siempre tienes el poder de elegir, de aprender y de cambiar tu manera de ver el mundo. Diseñar quien quieres Ser, accionar de un modo diferente y obtener los resultados que te propones.

Para conseguir resultados extraordinarios, algo que todavía no lograste, debes salir de tu caja de creencias, porque las nuevas posibilidades están fuera de ella.

Si eliges quien quieres Ser, trabajas en ti para lograrlo —con amor, constancia y confianza (cuerpo, lenguaje, emociones)— tienes acceso a lo que desees, porque siempre puedes aprender lo que necesites y posees el poder de reinventarte.

Tú, como líder de tu propia vida, te recreas en quien prefieres Ser, cambiando tu modo de observar el mundo, realizando acciones diferentes y consiguiendo resultados distintos. Así, día a día, con valentía, paciencia y amabilidad, irás alcanzando ser tu mejor versión y disminuirá tu estrés.

«El camino de retorno a la esencia, es un camino hacia la sabiduría. Un camino de amor, de amor a uno mismo y a la vida. Un camino de agradecimiento, humildad y confianza. Un camino hacia la autenticidad, la esencia, la totalidad, la claridad y la luz. Un despertar.» Cris Bolivar

Capítulo 5

LA REALIDAD

«No sabemos cómo las cosas son, sólo sabemos cómo las observamos o cómo las interpretamos. Vivimos en mundos interpretativos». Rafael Echeverría

Percibes las cosas de acuerdo a quién estás siendo y tus interpretaciones dependen de tu particular modo de observarlas. Desde ese lugar generas tu realidad, la que tú eliges, con la que te comprometes y de la que te haces responsable.

Tu percepción depende de tus propios modelos mentales. O sea, que miras al mundo a través de tus sentidos, tus experiencias, variables sociales y culturales, el lenguaje en tanto tu construcción social, tu historia personal, tus creencias, valores, tu consciencia, tu inconsciente, hábitos, conocimiento, relaciones, situación económica y el país en que vives. También, tu cuerpo, salud física y psíquica, tu autoconocimiento, autoestima, tu actitud, tus conversaciones internas y externas, tu confianza, frustración, tu estrés, todas tus emociones, tus estados de ánimo, imposibilidades, fortalezas, puntos de ceguera, etc.

Estos modelos mentales funcionan como filtros que condicionan tu percepción, que determinan el enfoque de tu atención y la interpretación de cualquier circunstancia o acción que observes en ti mismo y en el contexto.

Sin embargo, tienes el poder de cambiar tu mirada, transformarte y generar una nueva realidad —la que te gusta, la que escoges, la que deseas—.

Cambia la forma de ver las cosas, para que las cosas cambien de forma. La vida es según como la miras. Todo lo que tú crees es lo que creas como tu realidad. Eres el lienzo, las pinturas y el artista. Mirar con el corazón puede ser una excelente elección.

Tú no puedes cambiar a otro. Puedes coordinar acciones con alguien para conseguir un objetivo en común, nada más. Sólo puedes transformar tu mundo. Tú, únicamente, tienes poder sobre ti, lo que te permite ser tu propio líder y crear tu realidad.

Los hechos son los hechos. Percibes y creas tu realidad con tus interpretaciones sobre ellos y aunque pienses que las cosas son como tú las ves, la percepción es subjetiva, condicionada por tus propios filtros y depende exclusivamente de ti.

Los hechos pueden ser los mismos para todos, sin embargo, cada persona hace sus propias interpretaciones de ellos. Por eso hablamos de realidades diferentes.

Tú puedes quedarte enfocado en tu realidad, o ampliar tu percepción, analizar otras realidades y elegir crear una nueva.

¿Qué es la realidad? La realidad es la suma de los hechos más las interpretaciones de esos hechos.

Tus interpretaciones dependen de quién estás siendo ahora, de tu percepción, de tu modo de ver el mundo y de tus creencias. Si decides reformar tu observador, salir de tu zona de confort y cambiar tus creencias limitantes por otras que te abran nuevas posibilidades, se modifican tus interpretaciones y transformas tu realidad.

¿Cuál es tu realidad actual? ¿Cuál es tu realidad deseada?

Para describir la realidad necesitas acceder a ella, observarla y expresar lo que ves, lo haces a través de tu percepción, tus sentidos, tu cuerpo, lenguaje, emociones, tu caja de creencias, tus filtros, etc. No conoces las cosas independientemente a ti. No se puede separar el observador del observado. Eres responsable de tu interpretación del mundo.

Existen tantas realidades como las personas que observan la situación. Cada observador tiene sus límites. No sabes cómo son las cosas, sólo sabes cómo tú piensas que son. Tu interpretación muestra cómo eres en el momento que percibes los hechos.

Hoy ves el mundo de acuerdo a quien estás siendo y desde ese lugar generas tu realidad. No lo hacías igual hace diez años, ni será lo mismo en un futuro lejano. Cada vez que describes tu realidad, estás hablando de ti. La observación es una competencia o saber, tanto de lo que hay fuera como de tu interior.

La autoobservación te permite evaluar tus creencias, pensamientos, lenguaje, emociones, estados de ánimo, cuerpo, acciones y resultados. Como el observador que eres, puedes ver algunas cosas y otras no. No puedes ver dos cosas al mismo tiempo, lo haces alternadamente. Sólo puedes intervenir en un mundo que seas capaz de observar.

Cuando un desafío interno o externo obstaculiza la creación de tu realidad deseada, puedes aceptarlo, declarar que quieres, hacer ofertas, pedidos y promesas, armar acuerdos y coordinar acciones para superar la dificultad y concretar tu propósito. También lo puedes hacer con un otro, realizando acuerdosyacciones que los beneficien a ambos.

Si bien, cada observador es singular, por sus características se podría distinguir a los observadores en dos grupos.

Los observadores de enfoque único: su búsqueda es que los demás acepten su enfoque y estén alineados con él. Quieren convencer al otro, subordinarlo, neutralizarlo o eliminarlo. En cambio, para **los observadores de enfoque múltiple:** su tarea es comprender, compartir y aceptar que la otra persona es distinta. La respetan y creen que con ella pueden crear algo nuevo, sin intentar cambiarla. De este modo, se legitima al otro aceptando sus diferencias. Las preguntas fomentan este enfoque.

En la vida, muchas veces, no nos cuestionamos desde donde el otro está mirando los hechos y directamente defendemos nuestras certezas. Asumimos que ambos estamos viendo lo mismo. Preguntar a la otra persona, escucharlo con atención, ponerse en su lugar y sentir con empatía su punto de vista ayuda a conocer su realidad y a relacionarse mejor.

El error está en quedarte en la certeza de que lo que tú observas es la única realidad, cuando sólo es tu manera de ver las cosas.

Si validas la mirada del otro, lo legitimas. Para esto, es necesario conversar, porque eres un ser lingüístico, que observas al mundo a través de tus conversaciones internas y externas.

Según Rafael Echeverría, sociólogo y filósofo chileno, estos son los tres postulados básicos de la ontología del lenguaje:

1. Interpretamos a los seres humanos como seres lingüísticos: el lenguaje es lo que hace de los seres humanos el tipo particular de seres que son. Los seres humanos son seres lingüísticos, seres que viven en el lenguaje. El lenguaje es la clave para comprender los fenómenos humanos. Los seres humanos no sólo son seres lingüísticos. La existencia humana es una relación de coherencia entre el dominio del cuerpo, el dominio de la emocionalidad y el dominio del lenguaje.

2. Interpretamos al lenguaje como generativo: el lenguaje no sólo posibilita hablar sobre todas las cosas, el lenguaje hace que las cosas sucedan. El lenguaje no sólo permite describir la realidad, el lenguaje crea realidades. El lenguaje genera Ser. El lenguaje es acción.

3.   Interpretamos que los seres humanos se crean a sí mismos en el lenguaje y a través de él: la vida es el espacio en el que los individuos se inventan a sí mismos. «En el ser humano la criatura y el creador se unen». (Nietzsche) A partir de las bases de los condicionamientos biológicos, históricos y sociales, los individuos tienen la capacidad de crearse a sí mismos a través del lenguaje.

Estos son los seis actos lingüísticos básicos:

1.   Afirmaciones: Descripción de nuestra observación de los hechos. Requieren proveer evidencia o testigo. Pueden ser verdaderas o falsas. Fundadas en acuerdos históricos y prácticas sociales. El mundo dirige y la palabra lo sigue.

2.   Juicios: Nuestras interpretaciones de los hechos. Opinión que describe al observador que habla. Es una declaración, aunque no toda declaración es un juicio. Son fundados o infundados en hechos. Según la autoridad del que los realiza son válidos o inválidos. Sirven para coordinar acciones y diseñar futuro.

3.   Declaración: Se utiliza para construir una realidad que antes de ella no existía. Puede ser válida o inválida. Es un juicio con autoridad, cuando declaramos algo que nos comprometemos a hacerlo. A partir del poder de la palabra, generamos un mundo diferente, un cambio, una transformación. Hay seis declaraciones fundamentales: si, no, no sé, perdón, amor, gracias.

4.   Pedidos: Intenta satisfacer una necesidad del que habla. Tiene que ser claro, concreto y detallado. Si la respuesta a un pedido es no y la persona se frustra, no está pidiendo sino dando una orden. Permite coordinar acciones con otro.

5.   Ofertas: Intenta satisfacer una necesidad del que escucha. Permite coordinar acciones con otro.

6. **Promesas:** Acto por el cual nos comprometemos con otra persona a realizar una accióna futuro. Permite coordinar acciones con otro.

Entonces, puedes darte el poder de cambiar tu observador, tener nuevas interpretaciones, aprender lo que necesites, transformarte en el Ser que quieres y generar una nueva realidad: la que tú elijas.

Relacionarte otros seres humanos, conocer y validar sus diferentes realidades, te enriquece, te permite hacer acuerdos y coordinar acciones con ellos a través de las conversaciones internas y externas. Para esta interacción necesitas el lenguaje ya tú, como todas las personas, observas, interpretas, comprendes, sientes, creas, accionas, generas nuevas realidades y vives en él porque eres un ser lingüístico.

De este modo, al relacionarte con otros y verlos como posibilidad, generas inéditas interpretaciones, emociones y aprendizajes. Practicando, obtienes más recursos y habilidades, tomas mejores decisiones, realizas nuevas acciones para crear la realidad que escoges con los resultados que quieres y desciende tu nivel de estrés.

¿Qué observador eliges ser, para generar tu realidad y obtener los resultados que deseas? ¿Cómo lo vas a hacer?

«No vemos las cosas como son, vemos las cosas como somos». Talmud

Capítulo 6

COMUNICACIÓN EFICAZ

«No sabemos cómo las cosas son, sólo sabemos cómo las interpretamos». Humberto Maturana

Imagina que una empresa en el extranjero —donde mandaste una aplicación para conseguir un empleo—, te llama para hacerte una entrevista porque está buscando personal y tú tienes todas las habilidades que ellos piden. Saltas de alegría, es lo que quieres y estás buscando. Es una fantástica oportunidad y tú eres excelente para ese puesto.

De repente, te das cuenta que no hablas bien el idioma de ese país, a decir verdad, apenas lo balbuceas. Sino tienes el lenguaje no puedes conversar con la gente de la empresa. No te puedes comunicar eficazmente. No puedes describir cuáles son sus capacidades, ni expresar que quieres que pase, ni que sientes y piensas. No puedes escuchar (oír más interpretar) lo que te piden, ni lo que te ofrecen, por lo tanto, no puedes coordinar acciones para crear una nueva realidad.

¿Qué está faltando? Está faltando una conversación, por no tener el mismo idioma o lenguaje.

El modelo comunicacional clásico plantea que hay una persona que emite un mensaje a otra que lo recibe, la que da una respuesta y así se siguen retroalimentando, conversando, ambas con el mismo código, lenguaje o idioma.

El coaching ontológico es una disciplina, un arte, un estilo de liderazgo, que trabaja en el dominio del Ser. Un proceso de aprendizaje que, conversando y a través de preguntas, crea cambios en el tipo de observador que estás siendo; para que puedas realizar nuevas acciones efectivas, que te lleven a lograr los objetivos que te propones y hasta ahora no estás consiguiendo, ya sea, en lo personal como en lo profesional.

El coaching ontológico plantea que al modelo de comunicación clásico, le falta algo y propone que al nuevo modelo hay que agregarle tu corporalidad, tus emociones y el contexto en el que te mueves.

Como te he anticipado, interpreta a las personas como seres lingüísticos, es decir, que tú como ser humano estás siempre en una conversación. Tú eres un montón de conversaciones internas y con otros.

También, entiende al lenguaje como generativo. O sea, que mediante el lenguaje eres capaz de generar situaciones, puedes hacer declaraciones y gracias a él provocas cambios en ti y realizas acuerdos con otras personas.

Tú, como todo ser humano, te creas a ti mismo en el lenguaje y a través de él. Esto significa que, modificando la conversación contigo y con los demás, puedes transformarte de la manera que elijas, ya que eres tú el dueño y protagonista de tu vida.

¿Cuánto tiempo estás en conversaciones? Siempre. Porque tus pensamientos, son tus conversaciones internas.

¿Qué te falta cuando dices que no consigues los resultados que estás esperando? Te falta una conversación diferente a la que has estado teniendo. Una conversación que te abra posibilidades y ella está fuera de tu zona de confort y tu caja de creencias.

De esta manera, las incompetencias que te limitan son lingüísticas, emocionales y corporales (lenguaje no verbal).

Las competencias para tu formación y tu transformación personal y/o profesional se definen en el diseño de tus conversaciones. Si las que tienes no te alcanzan para los resultados que quieres, necesitas aprender lo que te falta para diseñar otra diferente, una nueva conversación contigo y con el mundo.

Para que tu hablar sea responsable, presta atención a las palabras que utilizas cuando te expresas, tanto en tus conversaciones internas como con otras personas:

Cuidado con la palabra «no». La frase que contiene «no», para ser comprendida, trae a la mente lo que está junto a ella. Por ejemplo, piensa en «no», nada viene a tu mente. Sin embargo, si te pido que «no» pienses en el color rojo ¿En qué pensaste?

Cuidado con la palabra «pero» porque niega todo lo que dijiste antes. Sustituye el «pero» por Y o AUNQUE cuando sea oportuno.

Cuidado con la palabra «intentar» que presupone una gran posibilidad de que no hagas lo que has dicho. Evita «intentar» ¡Hazlo!

Cuidado con «no puedo» o «no logro» usando estas palabras hablas de tu incapacidad de hacer algo. En cambio, si dices «NO PODÍA» o «NO LOGRABA» hablas de tu posibilidad de lograrlo en el presente o futuro.

Cuidado con el uso de las palabras «debo», «tengo que» o «necesito» presupone que algo externo a ti, dirige tu vida. En cambio, si usas las palabras «QUIERO», «ELIJO», «DECIDO» o «VOY A» denota que eres tu propio líder.

Cuidado cuando hables de tus problemas o descripciones negativas sobre ti, hazlo en tiempo pasado. De esta manera, tú te abres en el presente como una nueva posibilidad. Por ejemplo: Yo tenía dificultad en hacer esto.

Cuidado cuando hables de algo en lo que estás trabajando para lograr en el futuro, hazlo en tiempo presente. Por ejemplo: en vez de decir «Voy a hacer» di, «ESTOY HACIENDO» de esta manera expresas tu compromiso con tu proceso de acción.

Cuidado cuando dices, por ejemplo: «si» consigo el dinero voy a viajar. Esto supone que hay posibilidades de que no obtengas el dinero y que no viajes. En cambio, si tú dices «CUANDO» consiga el dinero viajo. Hablas con más autoridad y confianza, vas a obtener el dinero para viajar, te abres posibilidades.

Cuidado cuando usas la palabra «espero», mejor usa la palabra «SÉ». Por ejemplo: no digas, «espero aprender eso» que te abre un mundo de dudas. Cámbialo por «SÉ que voy a aprender eso» de esta manera hablas con confianza y propósito.

Cuidado, sustituye el condicional por el tiempo presente. Por ejemplo: en vez de decir «me gustaría agradecerle lo que hizo» di «AGRADEZCO lo que hizo» El tiempo presente le da fuerza y compromiso a lo que dices.

Con el nuevo modelo comunicacional puedes comprometerte a explicar lo que pasa, mediante un lenguaje descriptivo: haciendo afirmaciones para referirte a los hechos. Tus afirmaciones son verdaderas o falsas y tu compromiso es aportar evidencia de veracidad; o haciendo juicios para referirte a tus interpretaciones de los hechos. Tus juicios u opiniones son válidos o inválido según la autoridad que tú tengas y son fundados o infundados en hechos. Tus juicios hablan más de ti, que del hecho en sí.

Por otro lado, puedes comprometerte con hacer que las cosas sucedan: usando un lenguaje generativo, declarando lo que quieres que ocurra, comprometiéndote contigo y con otras personas para coordinar acciones por medio de pedidos, ofertas y promesas.

Los pedidos, ofertas y promesas cuando trabajan en conjunto, te permiten generar acuerdos con otros seres humanos, para que pasen cosas nuevas y así hacer que las declaraciones se transformen en hechos.

Elige hablarte y hablar a los otros con lenguaje positivo y verás cómo cambia tu vida.

Capítulo 1

COMPROMISO

«El compromiso es la diferencia entre vivir en un contexto de responsabilidad para la creación de futuro, versus, vivir en un contexto de racionalidad en el cual debemos soportar lo que las circunstancias nos den». Jim Selman

Siempre estás comprometido con algo o con alguien, aún si dices que no te comprometes, estás comprometido con no comprometerte.

Si te comprometes contigo, si eres tú compromiso, te haces protagonista de tu vida para crear lo que quieres. Sin compromiso no puedes construir un futuro poderoso, porque es él la energía que te permite la acción. Cuando te comprometes con tu visión, eres libre pues es tu elección, es tu fuente de poder, es una promesa que te haces, en donde pones en juego la coherencia de tu cuerpo, lenguaje y emociones para lograr lo que quieres, tu propósito.

Aunque también, te puedes comprometer con explicar las razones, los porqués de lo que te ha sucedido, describiendo cuales son las causas de no haber llegado a lo que te propusiste en el pasado, justificándote. De este modo, te pones en el lugar de víctima de las circunstancias y te quitas el poder de ser tú el líder que construye el futuro que eliges, ya que para cambiar tu realidad, tu compromiso de hoy debe ser más grande que tu historia. Tú decides asumir el compromiso de ser víctima o protagonista de tu propia vida.

«El presente es el futuro del pasado. El presente es el pasado del futuro. Lo que hagas hoy, creará un futuro distinto».

Si tú te comprometes con hacer que lo que quieres ocurra, hablas de posibilidades, aprendes lo que precisas, realizas pedidos, ofertas y cumples promesas, te expresas, sientes y accionas con coherencia alineada con valores: eres líder de tu vida.

Tu compromiso es lo que el mundo recibe de ti y, en consecuencia, es lo que recibirás del mundo. Vivir con compromiso es tu gran posibilidad de brillar con luz propia.

Lo que observas afuera, se relaciona con lo que hay o no dentro de ti. En otras palabras, lo que ves es por el compromiso que tienes y lo que no ves es por lo que te falta. Aunque, si te comprometes con aprender, irás cambiando tu mirada del mundo y se abrirán nuevas posibilidades para lograr lo que quieres.

Tu compromiso es una manifestación lingüística porque comienza en tus pensamientos. Es una promesa que te haces a futuro para crear algo diferente a lo que estás viviendo ahora. Es el motor de la acción para que tú puedas hacer algo que aún no existe para ti, un propósito que quieres alcanzar y para lograrlo pones en juego todo tu Ser.

Compromiso no es lo mismo que obligación. El compromiso es una elección de una obligación que tú haces con entusiasmo y libertad, para construir tu visión de futuro, es tu fuente de poder para la acción y el logro de resultados. En cambio, la obligación es algo se te impone desde fuera, es una presión.

Comprometerte contigo para hacer que las cosas sucedan, te ayuda a Ser quien decides, a reinventarte y a aprender lo que tú necesitas para concretar tus objetivos. Tu compromiso te hace tu propio líder, te abre puertas a más posibilidades de acción para obtener los resultados personales y laborales que deseas y favorece la disminución del estrés.

«Compromiso es lo que transforma una promesa en realidad. Es la palabra que habla con coraje de nuestras intenciones. Y las acciones que hablan más alto que las palabras. Es hacerse del tiempo cuando no lo hay. Salir airoso una y otra vez año tras año. Compromiso es el material que hace el carácter; el poder de cambiar las cosas. Es el triunfo diario de la integridad sobre el escepticismo». Shearson Lehman

¿Cuál es tu compromiso?

¿Tu compromiso es más grande o más pequeño que tus circunstancias actuales?

¿Estás comprometido con crear la realidad que quieres?

¿Qué plan de acción tienes para lograrlo?

«Tanto si piensas que puedes como si piensas que no puedes, estás en lo cierto». Henry Ford

La declaración permite generar futuro. ¿Qué es lo que tú quieres que ocurra? ¿Quién estás siendo? ¿Qué quieres transformar de ti? La declaración propone un objetivo a realizar.

Tú, con la autoridad que te otorga ser tu propio líder, puedes declarar lo que quieres, comprometerte, aprender todo lo que necesitas y accionar para lograrlo, para construir la realidad que te propones.

Hay seis declaraciones fundamentales que te benefician y que puedes empezar a aplicar de inmediato:

1.   Declaración de negación (NO): Cada vez que tú quieras decir no y no lo declares verás tu dignidad comprometida. Cuando digas no y ello no sea tomado en cuenta, considerarás que no fuiste respetado.

2.   Declaración de aceptación (SI): Al decir sí, tú estás aceptando. Esto implica un compromiso que debes sostener con acciones. Si no lo haces, tu identidad se verá afectada.

3.   Declaración de ignorancia (NO SÉ): Cuando tú declaras no sé, le abres la puerta al aprendizaje, que es el proceso más importante para la transformación personal.

4.   Declaración de perdón (PERDONAME - TE PERDONO -ME PERDONO): Perdonar no significa que tú estés de acuerdo con lo que aconteció, ni que lo olvides. Perdonar evidencia que tú dejas a un lado los pensamientos negativos sobre algo o alguien que te causó dolor y sigues con tu vida.

5.   Declaración de amor (ME AMO - TE QUIERO - TE AMO): Cuando declaras me amo, te quiero, te amos estas constru-yendo una relación contigo y con el otro, creando el mundo que van a compartir.

6.   Declaración de gratitud (GRACIAS): Tú puedes decir gracias valorando lo que la vida te da, como reconocimiento a lo que las personas hacen y lo que ellas significan para ti.

Entonces, para generar una nueva realidad, puedes elegir realizar declaraciones. Distinguir y soltar las creencias que ahora te limitan, adoptando otras que hoy te abran posibilidades, comprometerte y enfocarte con determinación en lo que te propones alcanzar.

Paso a paso y con paciencia, aprender todo lo que precisas para tomar las decisiones y acciones que te permitan lograr los resultados que quieres.

Además, puedes hacer acuerdos mediante pedidos, ofertas y promesas, para relacionarte mejor contigo y con otras personas.

Capítulo 8

RELACIONES

«Todo lo que le hagas a los demás te lo estás haciendo a ti, porque las cosas retornan de todas partes ampliadas mil veces. Si colmas de flores a los demás, las flores te colmarán a ti. Si llenas de espinas el camino ajeno, acabará siendo el tuyo.» Osho

Las relaciones se construyen, comenzando con la relación que tienes contigo y luego las que creas con el mundo.

El amor, el cuidado, el respeto, la compasión, la comprensión, la empatía, el agradecimiento, el buen trato, etc., que tienes para con la otra persona, hablan del amor, el cuidado, el respeto, la compasión, la comprensión, el agradecimiento, el buen trato, etc., que tienes por ti mismo.

Los límites y los acuerdos surgen del delicado equilibrio de la danza tú y yo, que es siempre cambiante. La clave es el amor, pues éste tiene en cuenta a las dos partes y busca lo mejor para ambos. Esto implica que las dos personas cedan en algo, se despojen del egoísmo, sean empáticos y cuiden también al otro.

Los límites constituyen las fronteras de contacto entre las personas: son lugares no visibles, donde tu espacio termina donde empieza el espacio del otro.

Por ejemplo: tú puedes abrir una ventana o poner la música a un volumen muy alto, si estás solo, aunque si hay otra persona en la habitación, es necesario que la consultes para saber si está de acuerdo, pues tus derechos terminan donde comienzan los de quien te acompaña.

Cuando se trata de algo material es más fácil determinar los límites, porque lo material se ve. Probablemente, tú no te sentarías en la silla que está ocupando otra persona, ni pondrías tu zapato encima del plato de quien te acompaña a cenar.

En los últimos ejemplos, es fácil distinguir si estás cruzando la frontera e invadiendo el espacio de otra persona. Es muy importante que tengas en cuenta tus límites, para no generar conflictos en la construcción de tus relaciones.

«El amor comienza en la legitimación del otro como legítimo otro». Humberto Maturana

Los conflictos pueden ser saludables y creativos, o confluyentes e improductivos.

El conflicto confluyente e improductivo se da cuando no te comprendes a ti mismo y acusas al otro de algo en lo que tú eres el responsable. Esto involucra por lo menos dos formas de defensa, la represión y la proyección.

El conflicto saludable y creativo se presenta cuando, tanto tú como quien te acompaña, son personas integradas, que tienen cierto autoconocimiento y una clara consciencia de ser distintos. En este caso, el conflicto surge cuando hay un desacuerdo sobre algo que constituye un verdadero problema para ambos y juntos buscan solucionarlo.

El mundo está cambiando... ¿Y tú?

El conflicto saludable y creativo, si se resuelve con habilidad, tiene por efecto crear agradables sentimientos entre las personas. Equivale a la construcción de una propuesta de ganar - ganar, o sea, un acuerdo que beneficia a las personas involucradas y a la relación.

Tú eres Tú y Yo soy Yo. Fritz Perls

Yo soy Yo.

Tú eres Tú.

Yo no estoy en este mundo para cumplir tus expectativas

Tú no estás en este mundo para cumplir las mías.

Tú eres Tú.

Yo soy Yo.

Si en algún momento o en algún punto nos encontramos
será maravilloso.

Si no, no puede remediarse.

Falto de amor a Mí mismo
cuando en el intento de complacerte me traiciono.

Falto de amor a Ti
cuando intento que seas como yo quiero
en vez de aceptarte como realmente eres.

Tú eres Tú y Yo soy Yo.

Hasta que no tomes consciencia, estés presente, comprometido y aceptes al otro como legítimo otro, es posible que tus relaciones, sobre todo las más íntimas, sean disfuncionales. Si estás en una relación disfuncional, puedes estar confundiendo el apego del ego y la dependencia afectiva con el amor.

El verdadero amor no tiene contrario.

Si lo que sientes no es amor, sino una fuerte necesidad del ego que otra persona llena temporalmente, cuando ella deja de cubrir las necesidades de tu ego, tus sentimientos de dolor, temor y carencia retornan.

Funciona como una droga. Toda adicción trabaja como una negativa inconsciente a enfrentar el dolor y a salir de él. Por eso, cuando usas a alguien para ocultar tu dolor, después de que la euforia inicial haya pasado va a haber infelicidad.

Si enfocas tu atención en el ahora, el momento presente, se disuelve el sufrimiento del pasado, la realidad desvanece la ilusión.

Cada crisis supone no sólo un peligro sino también una oportunidad. La oportunidad que está oculta en cada crisis no se manifiesta hasta que todos los hechos de una situación dada, se reconocen y aceptan completamente. Además, el reconocimiento y la aceptación de los hechos traen un cierto grado de libertad.

De esta manera, comienzas a construir mejores relaciones desde el amor que cuida, protege, respeta, escucha, comprende, admira, valora, agradece, que busca el auténtico bienestar y crecimiento, que es compasivo, empático, etc., en primer lugar, contigo y después también con el mundo.

Tú puedes construir relaciones amorosas, comprometidas y de calidad, tanto en lo personal como en lo profesional. Relaciones que generen conversaciones valiosas, pedidos, ofertas, promesas, acuerdos y buenos resultados para todos, donde hablen con sinceridad y escuchen activamente. Esto también reduce tu estrés.

¿Cómo te estás relacionando contigo?¿Qué quieres mejorar en esta relación? ¿Cómo?

¿Cómo son tus relaciones personales y profesionales?

¿Qué quieres mejorar de tus relaciones con otras personas? ¿Cómo?

¿Qué tipo de relación estás teniendo con tu confianza, tu profesión, con el dinero, con la exigencia, etc.? ¿Qué quieres mejorar? ¿Cómo?

KINTSUGI: EL ARTE DE ENTENDER LA RESILIENCIA

Cuando los japoneses reparan objetos rotos, enaltecen la zona dañada rellenando las grietas con oro.

Ellos creen que cuando algo ha sufrido un daño y tiene una historia, se vuelve más hermoso y valioso.

El arte tradicional japonés de la reparación de la cerámica rota con un adhesivo fuerte, rociado con polvo de oro, se llama Kintsugi.

El resultado es que la cerámica no sólo queda reparada, sino que es aún más fuerte que la original. En lugar de tratar de ocultar los defectos y grietas, estos se acentúan y celebran, ya que ahora se han convertido en la parte más fuerte de la pieza.

Kintsukuroi es el término japonés que designa al arte de reparar con laca de oro o plata, entendiendo que el objeto es más bello por haber estado roto.

Si llevamos esta imagen al terreno de lo humano, al mundo de nuestras relaciones que, a veces, lastimamos o nos lastiman. ¡Cuán importante resulta el reparar!

Entender que los vínculos dañados y el corazón herido, pueden sanarse con los hilos dorados del amor, y volverse más bellos y fuertes. Si una relación valiosa se agrieta, una estrategia a seguir es no ocultar su fragilidad e imperfección, sino aceptar y repararla con amor, cuidado, respeto, perdón, confianza, compromiso, empatía, bondad, pedidos, ofertas, promesas, haciendo nuevos acuerdos que la consoliden.

La prueba de la imperfección y la fragilidad, son dignas de llevarse en alto.

También la resiliencia, que es la capacidad de hacerle frente a las adversidades de la vida, transformar el dolor en energía motora para superarse y salir fortalecido.

Una persona resiliente comprende que es el arquitecto de su propia vida, su paz y su alegría.

Capítulo 9

LA ESCUCHA

«Hablar es una necesidad, escuchar es un arte.» Goethe

Escuchar es oír más interpretar. En rigor, como escuchas con todos tus sentidos, podemos decir que escuchar es percibir más interpretar.

Tú interpretas lo que escuchas desde el Ser que eres (cuerpo-lenguaje-emociones). Escuchas desde tu biología, tu historia y experiencias, tu cultura y las distinciones que conoces, desde tus compromisos, tus emociones, tu percepción, tus creencias,etc.

El hablar efectivo sólo es válido si la escucha es efectiva. Si alguien te dice una cosa y tú entiendes otra, la escucha no es legítima. Si no escuchas a quien te habla, es porque te estás escuchando a ti.

Para acortar la brecha entre lo que otra persona expresa y lo que tú escuchas o viceversa, pueden preguntarse ¿Qué es lo que estás entendiendo de lo que yo digo? O decir «Lo que yo escucho es...» Provocando una retroalimentación permanente, para saber si el otro está interpretando lo que tú quieres decir y viceversa. Cuanto más efectiva sea la escucha, mejores son las relaciones, las posibilidades de coordinar acciones con el otro, hacer acuerdos y disminuir tu estrés.

10 TIPS PARA UNA ESCUCHA EFECTIVA

1. Deja de hablar: tú no puedes escuchar si estás hablando.

2. Haz que el que habla se sienta cómodo: ayuda a tu interlocutor a que se sienta libre al expresarse.

3. Demuéstrale que quieres escucharlo: presta atención y sincero interés por lo que dice la otra persona.

4. Elimina y evita distracciones: no te entretengas haciendo ninguna otra cosa.

5. Trata de ser empático: ponte en el lugar de la otra persona, siente y comprende su punto de vista.

6. Sé paciente y respetuoso: dedícale el tiempo necesario y no interrumpas.

7. Mantén la calma y el buen humor: una persona colérica toma el peor sentido de las palabras.

8. Evita discusiones y críticas, sé prudente con tus argumentos: no pongas a la otra persona a la defensiva o mal dispuesta.

9. Realiza preguntas: esto estimula al otro, manifiesta tu interés por lo que te dice y muestra que estás escuchando. Preguntar mucho es una característica de los negociadores exitosos.

10. Para de hablar: esto es lo primero y lo último. Todas las otras reglas dependen de esto. Tú no puedes escuchar mientras estás hablando.

Además de escuchar con tus oídos, que es un fenómeno biológico e involuntario, escuchas con todos tus sentidos. Un es ejemplo, que escuchas con la vista al observar el lenguaje no verbal y sacas tus propias conclusiones. Por esto, escuchar es percibir más interpretar.

Mientras no hay interpretación, no hay escucha. Cada elemento que percibes incide en la comprensión que tú realizas. Preguntar y repreguntar es el mejor camino para mejorar tu escucha. Recuerda que el hablar sólo es efectivo si la escucha es efectiva. La escucha efectiva es la que te permite generar acuerdos y coordinar acciones. Escuchar valida el hablar.

¿Qué escuchas cuando escuchas?

Escuchas las palabras, la corporalidad, las emociones que se disparan (propias y de la otra persona), las posibilidades que surgen a partir de lo dicho, las inquietudes y necesidades del que habla, las interpretaciones que genera y la acción que manifiesta el orador: ¿Pide? ¿Ofrece? ¿Promete? ¿Juzga? ¿Afirma? ¿Quiere acuerdos?

Hay una brecha inevitable en la escucha. Pues, como tu escucha es una interpretación de lo que otra persona dice, ella siempre es una aproximación más o menos certera de lo que el otro quiso expresar. La manera de achicar este margen de diferencia es preguntando mucho y realizando acuerdos.

¿Para qué quieres escuchar? ¿Cuál es el objetivo y el compromiso de tu escucha? ¿Cómo quieres escuchar? ¿Cómo interpretas lo que escuchas?

¿Cómo quieres que te escuchen y para qué? ¿Qué quieres lograr con la otra persona? ¿Cuál es la importancia de tu mensaje?

¿Qué posibilidades crees que tienes para coordinar acciones con tu interlocutor? ¿Qué herramientas utilizas para acortar la brecha de la interpretación para mejorar tu escucha?

Hay diferentes tipos de escucha.

La escucha previa: son las conversaciones internas que se disparan en tu cabeza de manera automática. Son prejuicios o juicios que vienen a tu mente sin que los busques. En la escucha previa, no hay comunicación efectiva. Justificas lo que ya sabes desde tu caja de creencias y te constituye en el observador que estás siendo desde tu zona cómoda. Sin embargo, con todo tu amor y cuidado, puedes plantearte un cambio de observador y preguntarte ¿Para qué me sirve esta escucha? ¿Esta escucha me abre o me cierra posibilidades para alcanzar mis propósitos? ¿Esta escucha me empodera, ante mí o me debilita? Recuerda que eres libre, tú eliges qué quieres decirte y escuchar. Tú eres el dueño de tu vida.

En otras palabras, con aceptación, amor y sin juicios, cuando te escuchas, puedes evaluar si lo que te dices es positivo o no. Si tus creencias te abren o te cierran oportunidades. Si vas a cambiar las creencias que hoy no te ayudan. Si te entusiasma aprender nuevas habilidades para transformarte y accionar para alcanzar tus metas .

Observar tus conversaciones internas, te permite reflexionar sobre qué te dices para empoderarte, para hacer acuerdos contigo, accionar y conseguir lo que quieres. Para modificar lo que ahora no te sirve, abrirte al aprendizaje, lograr resultados extraordinarios y reducir tu estrés.

La escucha recreativa: Aquí tú escuchas a otra persona con atención y presencia. Indagas para tener más información. Recreas lo que te dice el otro. Puedes sentir las emociones y ver el lenguaje corporal del orador cuando se expresa. En esta escucha no das consejos y las preguntas que haces son sólo para tener más información sobre la situación.

La escucha comprometida o generosa: No brindas consejos, ni compras la historia del otro. En esta escucha, tú con tus preguntas desafías las creencias y los juicios del que habla. Pones tanta atención a lo que estás escuchando, que silencias tus conversaciones internas para estar plenamente presente a lo que la otra persona te dice. Escuchas desde la posibilidad y desde el no saber.

La escucha activa: es la unión de la escucha recreativa y la escucha comprometida o generosa. En esta escucha tú tienes la capacidad de concentrarte plenamente en lo que dice y lo que no dice el otro. Ambos sienten confianza. Tú haces preguntas y le expresas lo que escuchaste, hasta comprender el real significado de lo que la persona quiere manifestar. En un contexto adecuado, haces todo lo posible para facilitarle la expresión, para que fluya y te pueda hablar relajada y cómoda.

La escucha activa es fundamental para la comunicación eficaz y para un buen relacionamiento, tanto en el ámbito personal como profesional. De este modo, al mejorar tu escucha y la comunicación con tus relaciones, disminuye tu estrés.

«El escuchar es un factor fundamental del lenguaje. Hablamos para ser escuchados. El hablar efectivo sólo se logra cuando es seguido de un escuchar efectivo. Escuchar valida el hablar. Es el escuchar y no el hablar lo que confiere sentido a lo que decimos. Por lo tanto, el escuchar es lo que dirige todo el proceso de comunicación.» Esteban Echeverría

Capítulo 10

LA CONFIANZA

«Entre las cualidades más esenciales del espíritu humano está la confianza en uno mismo y el crear confianza en los demás.» Mahatma Gandhi

La confianza es un juicio. Una interpretación basada en tus percepciones.

Tú puedes fortalecer o construir confianza. Confiar significa creer. La confianza es una creencia que se funda en la percepción que tú tienes sobre ti y acerca del mundo.

Cuando sientes confianza, te ves a ti y a las otras personas como posibilidad de aprendizaje, observas la oportunidad de hacer acuerdos que los beneficien a todos y de vivir algo nuevo que te acerque a tus objetivos. Esto reduce el estrés.

La confianza se genera desde el amor. La confianza que quieres sentir e inspirar en los demás comienza con un trabajo en ti: la autoconfianza.

Sin dudas, hay días que tienes más confianza en ti y momentos en que ella disminuye. Posiblemente, experimentes más seguridad con algunas personas, circunstancias, entornos y actividades que con otros. Por esto, es recomendable que revises y alimentes tu autoconfianza constantemente.

José María Gasalla, experto conferenciante español, escritor y profesor. Creador del Modelo Gestión por Confianza (GpC), trabaja el tema de la confianza con **su fórmula de gestión de las 5 A + 7 C.**

Las cinco **A** para trabajar la autoconfianza:

1A. Autoconcepto: Ante todo eres una persona. ¿Cómo eres? ¿Qué creencias tienes sobre ti? ¿Cómo te defines?

2A. Autoestima: ¿Cómo te amas? ¿Cuánto te amas? ¿En tu lista de personas que amas, ocupas el primer lugar? ¿Cuánto te respetas? ¿Cómo te tratas? ¿Cómo te aceptas? ¿Cuánto te valoras? No puedes amar, respetar y valorar a otro si no lo haces primero contigo.

3A. Autocrítica: Obsérvate lo más objetivamente posible y evalua. ¿Cuáles son tus fortalezas? ¿En qué eres excelente? ¿Qué haces bien? ¿Qué te hace una persona diferente a los demás? ¿Cuál es tu singularidad? ¿Qué quieres mejorar en ti? ¿Qué necesitas aprender para Ser quien tú eliges? Siempre observa primero tus fortalezas y luego tus áreas de mejora. Cuando evalúas primero las habilidades en las que tú eres fuerte, te sientes mejor al trabajar tus áreas de crecimiento.

4A. Autoeficiencia: ¿Cuáles fueron todos tus éxitos a lo largo de tu vida? ¿Qué objetivos has logrado tanto en lo personal, como en lo laboral? Recuerda, escribe y valora todos tus triunfos. Toma consciencia, date cuenta que a lo largo de toda tu existencia, tú concretaste grandes y pequeños proyectos, conquistaste muchas victorias. Ahora, cree que tú puedes conseguir lo que te propongas, si trabajas en ti.

5A. Autodisciplina: Tú tienes la capacidad de dirigir tu vida, porque tú eres tu propio líder. Tú, voluntaria y responsablemente eliges que quieres. Tú, con disciplina, constancia y cierto esfuerzo decides lo que tienes que aprender para lograr tus propósitos.

Las siete **C** que hay que sumar a las anteriores para completar la fórmula:

1C. Competencia profesional: ¿Eres excelente en lo que haces? Aprende y practica hasta alcanzar la excelencia.

2C. Consciencia: ¿Eres consciente de ti y las otras personas? Es fundamental que tengas consciencia de ti y del otro. Humberto Maturana afirma: «El amor comienza en la legitimación del otro como legítimo otro»

3C. Claridad: ¿Dices la verdad? Aunque sea tu verdad, ¿eres sincero y auténtico?

4C. Cumplimiento: ¿Qué valor tiene tu palabra? ¿Haces lo que dices o prometes?

5C. Coherencia: ¿Eres coherente con lo que piensas, dices, sientes y haces? No hagas a otros lo que tú no aceptas que te hagan.

6C. Consistencia: ¿Tus comportamientos están alineados con tus valores? Tus valores constituyen tu identidad.

7C. Coraje: ¿Le dices a otros cuando estás de acuerdo y cuando no? ¿Das tu opinión, aunque a veces no sea fácil? ¿Eres ético?.

Es importante que revises, a menudo, lo que haces en automático. Que desaprendas las cosas que ya no te sirven, las que te cierran posibilidades y que escojas cambiarlas por otras que te abran nuevas oportunidades. Nada cambia si tú no cambias.

Si aprendes y practicas para alcanzar la excelencia, tu confianza crece. Tú eres el único que tiene el poder de soltar lo que ahora no es útil para tus propósitos. Tú eliges qué competencias adquirir para ponerte en acción y lograr los resultados que quieres.

Cuando crece tu autoconfianza, te sientes el protagonista de tu vida y tu nivel de estrés desciende.

La confianza define tu relación básica con el futuro. Habla de la manera en que tú tomas decisiones y accionas, frente a eventuales desafíos u obstáculos a resolver en el camino.

La confianza varía según tu percepción del momento. Confiar, es la firme creencia de que algo por lo que estás trabajando será un éxito. Es la seguridad que tienes de cosechar lo que siembras, especialmente al emprender una misión difícil y comprometida, haciéndote responsable de tus actos, tanto en el ámbito personal como profesional. Si no hay confianza, no hay apertura.

Confiar en ti y en los otros, es creer en el potencial de crear algo nuevo. La confianza es un acto voluntario y consciente, que supone un trabajo de construcción y de esfuerzo. Aunque sea arduo crear confianza, al hacerlo te sientes bien y reduces el estrés.

¿Cómo impacta la confianza en los resultados?

Sin dudas, cuando confías en ti y en otras personas los resultados son superiores, sientes más tranquilidad y seguridad, tomas mejores decisiones, te permites crecer, ir hacia adelante con entusiasmo, soltando el pasado y las creencias limitantes.

Por ejemplo, si crees que un cliente es de confianza, tu actitud será de apertura y relajación, opinarás que pueden concretar un acuerdo exitoso. En cambio, si piensas que tu cliente no es confiable, tu postura cerrada e incómoda, retrasará el pacto, al creer que debes tomar precauciones antes de realizarlo.

Los cuatro pilares de la confianza:

1 – Sinceridad: Es la coherencia entre las conversaciones internas y externas.

¿Serías capaz de delegar algo importante a una persona que no consideres sincera?

El juicio de la sinceridad lo notas en el momento presente, mientras estás con la persona. Los indicadores de la sinceridad pueden ser la mirada, la postura corporal, el tono de voz, pequeños gestos. Es el momento de la verdad, porque por lo que captes en esa interacción, prestando total atención al otro, percibirás si puedes confiar o no en esa persona.

2 – Confiabilidad: Es la aptitud de cumplir promesas.

¿Le encargarías algo primordial a alguien que en el pasado no ha cumplido sus promesas?

La confiabilidad surge de cómo el otro se ha comportado contigo en el pasado. La distinción de que esa persona haya cumplido sus promesas contigo o no, afecta directamente a este juicio.

3 – Involucramiento: es la capacidad de comprometerte al 100%

¿Tú estás totalmente comprometido con tus relaciones?

El involucramiento es la capacidad que tú tienes de intervenir en la relación con otra persona para generar mayor nivel de confianza. Es la libertad con que tú te comprometes con otro. Cada vez que pongas el involucramiento del lado del otro, es decir que sea «el otro» quien deba cambiar, tú estás entrando en un círculo de debilidad, perdiendo poder para lograr un cambio.

4 – Competencia: es la habilidad relacionada con el saber hacer de una persona.

¿Le pedirías a alguien que ejecute una acción si consideras que desconoce cómo hacerla? ¿Crees que la solución puede ser que esa persona se capacite, aprenda y realice la actividad?

Interpreto que es necesario que tú elijas ser responsable de tu vida y construyas tu confianza desde el amor, respeto, comprensión y compasión. Si la tienes, que te saques la armadura que has construido para esconder tus miedos, para seguir aferrado a las creencias que te limitan y no transitar por caminos desconocidos, para no aprender, para no transformarte y atreverte a Ser quien quieres, para no salir de tu zona de confort, para victimizarte y resignarte.

Cuando decides hacerte responsable y confiar en ti, te sientes el protagonista y el creador de tu propia vida. Eres el dueño de tus decisiones, de tus acciones y de las consecuencias.

Si las circunstancias que atraviesas te limitan y necesitas nuevos recursos para alcanzar tus objetivos, te comprometes a aprender lo que te falta para llegar a concretar tus propósitos.

Ser responsable, te hace libre para decidir qué actitud tomar ante las circunstancias, te da el poder de accionar con integridad (consciencia, lenguaje, emociones y acción alineados con valores). Si fortaleces tu confianza, te ves a ti y a los otros como posibilidad para experimentar algo nuevo. Observas los errores como enseñanzas para ampliar tu conocimiento, tu capacidad de acción eficiente y conseguir lo que quieres.

Cuando accionas con responsabilidad, se disparan en ti, emociones agradables: como alegría, tranquilidad, felicidad, seguridad, ambición, entusiasmo, armonía, claridad, serenidad, entre otras y te alejas del estrés.

Cambia la forma de ver las cosas, para que las cosas cambien de forma. El mundo es según como lo observas.

Todo lo que tú crees es lo que creas en tu vida.

Capítulo 11

LAS EMOCIONES

«Los seres humanos en un sentido estricto surgimos del amor... dependemos del amor y nos enfrentamos cuando éste nos es negado en cualquier momento de nuestra vida.» Humberto Maturana

La emocionalidad es uno de los dominios constitutivos del ser humano. Todas las personas somos seres emocionales.

Interpreto que, el licenciado Oscar Anzorena, Master Coach Profesional y escritor argentino, sostiene que las emociones se expresan y manifiestan como disposiciones corporales para la acción. La emoción surge como el emergente ante el significado que le conferimos a un hecho puntual o acontecimiento determinado. Su carácter reactivo determina que una vez superada la situación o desaparecidos los acontecimientos que gatillaron nuestra reacción emocional, esta se desvanece o se trasforma.

Tú eres un Ser emocional y es importante que distingas tus emociones para elegir cuáles quieres sostener, cuáles no y cómo aprender a gestionarlas.

No puedes evitar una emoción, aunque sí puedes decidir qué hacer con ella.

«La emocionalidad nos constituye como personas, ya que no existe en nuestra vida un instante de neutralidad emocional». Humberto Maturana

La emoción es un estado afectivo, una reacción subjetiva e involuntaria, que viene acompañada por cambios fisiológicos, endócrinos y psicológicos del organismo, de origen innato, influidos por la experiencia. Las emociones se manifiestan como disposiciones corporales para la acción ante la necesidad de adaptarse a los cambios que se presentan.

Cuando tú experimentas una interrupción en el fluir de tu vida, en tu zona de confort, donde actúas en «automático» con un mínimo umbral de consciencia y de pronto surge un cambio, se disparan tus emociones.

El cambio puede ser positivo o negativo, en el espacio de tus posibilidades. Cuando el suceso es desafiante, es muy intenso o son muchos al mismo tiempo, te cuesta adaptarte, te frustras y se gatillan, frecuentemente, las emociones de miedo, enojo, exigencia, ansiedad, estrés, entre otras.

La emoción surge de la percepción e interpretación que tú le das a cada acontecimiento, produciendo en tu organismo una carga de energía que te predispone para la acción. Una vez que superas o desaparece la situación que provocó la emoción, ella se esfuma o se transforma.

Cada emoción es una señal que tú sientes, al igual que todo ser humano, en el momento en que un evento modifica tu espacio de posibilidades de acción. Tu interpretación de ese nuevo suceso provoca que se gatillen en ti determinadas emociones.

La emoción es involuntaria, es una energía que circula por tu cuerpo y según el sentido, real o imaginario, que le des a la situación, se disparan diferentes emociones en ti para que acciones.

Por ejemplo, estás en la oficina con tus compañeros y deciden hacerte una broma de mal gusto. Uno de ellos grita: ¡Fuego! ¡Fuego! Y tú, inmediatamente, sales corriendo hacia la puerta de salida. Tu interpretación podría haber sido, la oficina se está incendiando, los hechos fueron los gritos de ¡Fuego! ¡Fuego! de alguien. De pronto, se dispara tu emoción de miedo o pánico, se producen cambios en todo tu organismo y tú corres, huyendo de la escena. Sin embargo, no había fuego, ni humo, había sido sólo una broma desagradable. ¿En este ejemplo, cuál es el hecho? ¿Cuál es tú interpretación? ¿Qué dispara tu emoción? ¿Qué emoción se produjo en ti? ¿Cuál es tu reacción?

Tu razón puede saber todo lo que hay que hacer en determinada ocasión. Sin embargo, para poder accionar necesitas tu cuerpo y el combustible de tu cuerpo: la emoción. Es decir que la emoción es un impulso que te conduce a reaccionar o accionar.

¿Para qué sirven las emociones?

Las emociones te permiten asumir y enfrentar las experiencias vitales y los desafíos. No hay emociones buenas ni emociones malas, por lo tanto, no necesitas reprimirlas. Todas ellas te brindan valiosa información, tú sólo tienes que aprender a gestionarlas.

No puedes evitar las emociones, aunque sí puedes decidir qué hacer con ellas, cómo utilizar la información y energía que te brindan para realizar acciones que te beneficien. Las emociones te alientan a comunicarte y compartir con el mundo. Te enseñan qué te agrada y qué no. Te facilitan la adaptación a los cambios y a tus circunstancias.

Humberto Maturana afirma que el daño más grande que la cultura patriarcal ha generado en la existencia humana, ha sido el dar valor de bueno o malo a las emociones. Las emociones no son ni buenas ni malas. El problema surge de nuestra ceguera ante nuestro emocionar, y al no verlas quedamos atrapados en ellas. Les decimos a nuestros niños «controlen sus emociones» lo que equivale a decirles «niéguenlas», y los atrapamos en la ceguera sobre nosotros mismos. Si les dijéramos: «mira tus emociones y actúa consciente de ellas», les abriríamos un espacio reflexivo y los invitaríamos a una libertad responsable.

Eckhart Tolle sostiene que la emoción es un reflejo de tu mente en tu cuerpo.

Puedes ser incapaz de traer a tu consciencia tu actividad mental inconsciente en forma de pensamientos, aunque esta siempre se reflejará en tu cuerpo como una emoción y de esto sí puedes ser consciente.

Entonces, puedes permitirte que la emoción esté allí presente y observarla sin que te controle. Preguntarte habitualmente: ¿qué está pasando en mi interior en este momento? Enfocarte en tu mundo interno, sentir la energía de tu emoción y mirarla sin crítica, sin juicio y con aceptación de lo que es. Con esta práctica lo inconsciente saldrá a la luz de tu consciencia.

La mayor parte de tu sufrimiento es innecesario y creado por ti, mientras la mente no observada, maneja tu vida. El sufrimiento que creas es una forma de no aceptación, un modo de rechazo inconsciente a lo que es. La intensidad del sufrimiento obedece a tu grado de resistencia al momento presente, la que a su vez depende de la fuerza de tu identificación con la mente. Esto quiere decir que, cuanto más te fusiones con tu mente, más sufres; cuanto más aceptas lo que es ahora, mayor será la liberación de tu sufrimiento.

Para no crear sufrimiento, debes permanecer en el pasado o futuro sólo el tiempo necesario para resolver tus asunto prácticos de la vida. Es decir, darte cuenta que el momento presente es todo lo que tienes, es donde se desarrolla tu vida —haciendo breves visitas al pasado y el futuro—, cuando las situaciones lo requieran.

El presente es como es, acéptalo sin juicios y trabaja con él.

El dolor acumulado es un campo de energía negativa que ocupa tu cuerpo y tu mente. Mientras no accedas al poder del ahora, cualquier dolor emocional que experimentas, deja residuos de sufrimiento que permanecen contigo.

El dolor sólo puede alimentarse de más dolor. Lo hace con cualquier experiencia que lleve energía negativa, creando más sufrimiento: rabia, destructividad, odio, tristeza, drama emocional, violencia, enfermedad, etc. El dolor quiere sobrevivir y lo logra si te identificas con él.

Para dejar de identificarte con el dolor, toma consciencia. Enfoca toda tu atención en el sentimiento que hay dentro de ti, sin juzgarlo, observándolo y aceptándolo tal como es, en el presente.

Una vez que lo logras, es posible hacer una rápida transmutación de todo el dolor del pasado. Sin embargo, puedes encontrar una gran negación interior al tratar de abandonar tu identificación con el dolor. Esta resistencia se produce por el miedo inconsciente a perder tu propia identidad. Entonces, observa sin juicios y acepta esta resistencia, así como el dolor.

Tu estado interior, tu cultura, tus creencias, tus recursos, tus relaciones, tus puntos de ceguera y tu manera de ver el mundo, influyen en el modo en que percibes e interpretas cada situación.

Por ejemplo, si experimentas una emoción que no te gusta o te cierra posibilidades, puedes cambiar tu observador, soltar las creencias que te limitan, mejorar tus recursos y utilizar la energía de la emoción para acciones que te abran oportunidades.

Algunas emociones básicas son: tristeza, alegría, miedo, culpa, entusiasmo, asco, enojo, gratitud, vergüenza, orgullo, aburrimiento, sorpresa, exigencia, curiosidad, etc. Cada emoción te predispone a una acción diferente.

Como te lo he mencionado, tú no puedes evitar sentir una emoción. Aunque sí puedes decidir qué hacer con ella, puedes redirigir su energía para realizar acciones que te favorezcan.

Las emociones te permiten resolver las experiencias vitales, enfrentar los desafíos, te facilitan la adaptación con el entorno, la posibilidad de comunicarte y compartir con los demás.

Conocer y aprender a gestionar tus emociones te ayuda a disminuir el estrés. El modo que tú elijas expresar tus emociones, va a determinar tu calidad de vida.

FÁBULA DE LAS EMOCIONES. AUTOR DESCONOCIDO.

Cuenta la leyenda que una vez se reunieron en un lugar de la tierra todos los sentimientos y cualidades de los hombres. Cuando el ABURRIMIENTO había bostezado por tercera vez, la LOCURA, como siempre tan loca, les propuso:

—¿Jugamos al escondite?

La INTRIGA levantó la cara intrigada, y la CURIOSIDAD sin poder contenerse preguntó:

—¿Al escondite? ¿Y cómo es eso?

—Es un juego —explicó la LOCURA—, en el que yo me tapo la cara y comienzo a contar desde uno hasta un millón mientras ustedes se esconden y, cuando yo haya terminado de contar, el primero de ustedes al que encuentre, ocupará mi lugar para continuar el juego.

El ENTUSIASMO se halló secundado por la EUFORIA. La ALEGRÍA dio tantos saltos que terminó por convencer a la DUDA, e incluso a la APATÍA a la que nunca le interesaba nada. Pero no todos quisieron participar. La VERDAD prefirió no esconderse; ¿Para qué? si al final siempre le fallaban. La SOBERBIA opinó que era un juego muy tonto (en el fondo, lo que le molestaba era que la idea no había sido suya), y la COBARDÍA prefirió no arriesgarse...

Uno, dos, tres... comenzó a contar la LOCURA.

La primera en esconderse fue la PEREZA, que, como siempre, se dejó caer tras la primera piedra del camino. La FE subió al cielo, y la ENVIDIA se escondió tras la sombra del TRIUNFO, que con su propio esfuerzo había logrado subir a la copa del árbol más alto. La GENEROSIDAD casi no alcanzaba a esconderse; cada sitio que hallaba le parecía maravilloso para alguno de sus amigos: ¿Qué si un lago cristalino? ¡Hay ideal para la BELLEZA!; ¿Qué sí la rendija de un árbol? ¡Perfecto para la TIMIDEZ!; ¿Qué si el vuelo de una mariposa? ¡Lo mejor para la VOLUPTUOSIDAD!; ¿Qué si una ráfaga de viento? ¡Magnífico para la LIBERTAD! Así que terminó ocultándose en un rayito de sol. El EGOÍSMO, en cambio, encontró un sitio muy bueno desde el principio, ventilado, cómodo... eso sí, sólo para él.

La MENTIRA se escondió en el fondo de los océanos (¡mentira, en realidad se escondió detrás del arco iris!), y la PASIÓN y el DESEO en el centro de los volcanes. El OLVIDO... ¡se me olvidó donde se escondió!... pero no es lo importante.

Cuando la LOCURA contaba 999999. El AMOR aún no había encontrado sitio para esconderse, pues todo se encontraba ocupado, hasta que divisó un rosal y, enternecido decidió esconderse entre sus flores.

—¡Un millón! —contó la LOCURA y comenzó a buscar.

La primera en aparecer fue la PEREZA, sólo a tres pasos de la piedra. Después escuchó a la FE discutiendo con Dios en el cielo sobre zoología, y a la PASIÓN y al DESEO los sintió en el vibrar de los volcanes.

En un descuido encontró a la ENVIDIA, y claro, pudo deducir donde estaba el TRIUNFO. Al EGOÍSMO no tuvo ni que buscarlo; él solito salió desesperado de su escondite que había resultado ser un nido de avispas.

De tanto caminar sintió sed y al acercarse al lago descubrió a la BELLEZA. Y con la DUDA resulto más fácil todavía, pues la encontró sentada sobre una cerca sin decidir aún en qué lado esconderse.

Así fue encontrando a todos: el TALENTO entre la hierba fresca, la ANGUSTIA en una oscura cueva, la MENTIRA detrás del arcoíris... (¡Mentira, sí ella estaba en el fondo del océano!), y hasta el OLVIDO, al que ya se le había olvidado que estaba jugando al escondite.

Pero sólo el AMOR no aparecía por ningún sitio.

La LOCURA buscó detrás de cada árbol, bajo cada arroyuelo del planeta, en la cima de las montañas y, cuando estaba a punto de darse por vencida, divisó un rosal y las rosas... Y tomó una horquilla y comenzó a mover las ramas, cuando de pronto se escuchó un doloroso grito. Las espinas habían herido en los ojos al AMOR. La LOCURA no sabía qué hacer para disculparse; lloró, rogó, imploró, pidió perdón, y hasta prometió ser su lazarillo.

Desde entonces, desde que por primera vez se jugó al escondite en la tierra, EL AMOR ES CIEGO Y LA LOCURA SIEMPRE, SIEMPRE, LO ACOMPAÑA.

Esta es una fábula sobre las emociones, aunque quiero aclarar que para mí, el amor no es ciego. ¿Será el deseo el ciego? El amor es consciencia pura, cuidado, respeto, admiración, empatía, comprensión, compasión, agradecimiento y mucho más. El amor es vida consciente.

Capítulo 12

LA EXIGENCIA

«Nos comportamos como ignorantes cuando nos exigimos, porque la exigencia no nos lleva a la excelencia».

Cuando te sientes exigido por los cambios del contexto, te autoexiges. La exigencia es una emoción que te cierra posibilidades, pero tú la puedes gestionar y transformarla en excelencia.

Aunque no te des cuenta, la autoexigencia es una respuesta que tú le das a los demás. Por ejemplo, tal vez lo hagas frente a una figura de autoridad o a alguien a quien le das poder, te exiges para mostrarle a otro que tú sí puedes, que eres valioso.

Si te autoexiges, ser sobresaliente no te alcanza. Buscas la perfección y esa perfección no tiene meta, no existe, no tiene fin. Te esfuerzas muchísimo, no te permites los errores y no tienes en cuenta que de las equivocaciones también se aprende.

Como tu autoexigencia trabaja para el afuera lo mejor que puedes hacer, para empezar a gestionarla, es mirarte por adentro y hacerte responsable de ti. Tu autoexistencia vive sólo en tu razón, lo que significa que te olvidas de cuidar tu cuerpo y emociones.

Cuando eres autoexigente tienes algunas de estas características: estándares notoriamente altos, no te permites la posibilidad de equivocarte y desestimas los elogios que recibes. Te preocupas por la evaluación que otro pueda hacer sobre ti o sobre lo que tú haces. También, es posible que sientas temor a perder el respeto de otras personas, o a que se burlen de ti cuando cometes errores. Todo esto, te produce ansiedad por tu desempeño, baja autoestima, miedo, ansiedad social, sufrimiento y estrés, entre otras cosas.

Te autoexiges para mostrarle al mundo que eres capaz, para que te valoren, para que te quieran, para ser mejor que otros. Trabajas sólo para obtener resultados que nunca son suficientes, te olvidas de cuidar tu cuerpo y tus emociones, lo que es perjudicial para tu salud física, cognitiva y psíquica.

La autoexigencia es una emoción que sin una buena gestión, tiene consecuencias negativas, como sentimientos intensos de insatisfacción respecto al rendimiento. Si tú eres autoexigente lo que haces nunca es suficiente, crees que tienes que hacer más y ese vacío se llena de frustración, miedo, ansiedad y estrés.

Siendo autoexigete, con el tiempo, es posible que tu autoestima y tu autoconfianza, se debiliten seriamente. En consecuencia, crees que no eres capaz, que no puedes, que no tienes aptitudes, que no eres competente, que no tienes tiempo para terminar tu agenda. Agenda que tú organizas para demostrarle a otras personas lo que tú vales. Esto equivale a que tú permites que otro organice tu existencia. Así, te desilusionas, aumenta tu ansiedad y estrés, afectas tu calidad de vida, puedes enfermar tu cuerpo o terminar, por ejemplo, con depresión.

Hay un sin fín de enfermedades físicas que puedes tener cuando tú le exiges a tu cuerpo mucho más de lo que él puede soportar. ¿Para qué lo haces? ¿Realmente crees que es la mejor manera de lograr los resultados que buscas?

¿Para qué te sirve distinguir todo lo dicho hasta ahora?

Para que empieces a aceptar lo que estás haciendo contigo, para que aprendas a gestiona tu exigencia, ya que ella, provoca que te estreses, que tu condición de vida se deteriore y que tu salud física, psíquica y cognitiva se perjudique.

En el camino a la excelencia, no está la exigencia.

Parafraseando al doctor Norberto Levy, considero que la exigencia es una manera ignorante en que la mente (programador) le comunica al cuerpo (realizador) lo que ella piensa que el cuerpo tiene que hacer. La ignorancia de esta mente es creer que el cuerpo no tiene autonomía, que debe realizar siempre lo que la mente ordena y hacerlo perfecto. Además, la mente cree que si consulta al cuerpo nunca se hará nada.

Así habla la mente exigente tanto a uno mismo como a los otros. Lo que no sabe esta mente que exige sin límite, es que cuando el cuerpo tiene las condiciones apropiadas para actuar tiende a la misma excelencia que ella.

La mente exigente cree que querer es poder, y querer no es poder, querer es primordial pero no es suficiente. Para ejecutar lo que la mente quiere, es necesario que el cuerpo esté en condiciones propicias para poder ejercer la acción.

Con esta modalidad exigente de la mente que ordena todo el tiempo «debes hacerlo ahora y tienes que realizarlo perfecto», el cuerpo al principio responde, pero después se agota, pierde eficiencia y se siente culpable.

Entonces, la mente aumenta la presión para que el cuerpo responda, la persona se estresa más y su salud se ve afectada. El estrés aumenta por la exigencia de la mente (el programador) que no escucha al cuerpo (el realizador), por la presión sin límite, por este constante «tienes que hacerlo ya mismo y debe ser perfecto», sin ninguna posibilidad de equivocarse.

La manera de cambiar esta actitud es que la mente después de programar, le pregunte al cuerpo que es el realizador, qué le parece, si está en condiciones de hacerlo y si necesita ayuda.

O sea, que la mente (programador) y el cuerpo (realizador) se comuniquen eficazmente, se pongan de acuerdo, coordinen acciones y trabajen en equipo.

Esto, es la transformación de una actitud exigente en una que propone, propicia, consulta, respeta y alienta; una posición coherente (mente-cuerpo-emoción) alineada con la excelencia.

Una persona exigente es aquella que utiliza la fuerza para conseguir lo que quiere y propone a los otros a hacer lo mismo, con el consecuente desgaste físico, cognitivo y emocional.

Una persona excelente es aquella que utiliza su poder para conseguir los objetivos que quiere y sabe que las relaciones son de vital importancia.

Quien trabaja la excelencia, es consciente que la confianza es la base de cualquier relación larga y duradera, que para acceder a lo mejor de sí mismo y a lo mejor de las otras personas es fundamental la escucha activa y la empatía. También, reconoce que es necesaria la autoestima y la autoconfianza, confiar en los otros y creer que pueden crear algo para lograr los resultados deseados, si trabajan en equipo. Por eso, hace todo lo posible para motivarse y estimular a otras personas a Ser mejor, invitándolas a la acción.

Un ser humano excelente se enfoca en las soluciones y ve los errores como oportunidades para aprender, se capacita, se está reinventando continuamente y vive cada momento como un aprendizaje.

EXIGENCIA	*EXCELENCIA*
Se orienta al hacer.	Se orienta al Ser.
Busca complacer a otros.	Busca cumplir mi verdadero deseo.
Busca más resultados.	Busca compromiso.
Busca cuidar la imagen.	Busca cuidar la autenticidad.
Lo importante es la meta.	Lo importante es el camino.
Nada es suficiente, esfuérzate más.	Cada paso es un nuevo aprendizaje.
Genera insatisfacción	Genera aprendizaje.
No puede celebrar lo que logra.	Puede celebrar y disfrutar el camino.
Es menos eficaz.	Posibilita mejores resultados.

Capítulo 13

EL ENOJO

«La ira nace del temor, y este de un sentimiento de debilidad o inferioridad. Si usted posee coraje o determinación, tendrá cada vez menos temor y en consecuencia se sentirá menos frustrado y enojado». Dalai Lama

¿Qué es el enojo?

El enojo es una emoción que te acompaña a lo largo de tu vida y se hace presente en situaciones de conflicto, ya sea contigo o con otros. No puedes evitar enojarte, aunque sí puedes elegir qué hacer con esta emoción y aprender a regularla para que te abra posibilidades en vez de cerrártelas. Puedes aprender a pasar del enojo que destruye al enojo que resuelve.

El enojo, como todas las emociones, produce cambios psicológicos y biológicos en tu organismo. Es un estado emocional que varía de una irritación o disgusto leve hasta una furia intensa, y a medida que aumenta la intensidad del enojo disminuye tu racionalidad. Te cuesta pensar con claridad y, por lo tanto, no eres capaz de ver las consecuencias de tu comportamiento.

Una mala gestión de tu enojo afecta las relaciones contigo y con otras personas, tanto en el ámbito personal como laboral. En consecuencia, aumenta tu estrés.

Cuando te enojas, se tensan tus músculos, aumenta tu frecuencia cardíaca y tu presión arterial, se eleva el nivel de tus hormonas de energía como la adrenalina, el corazón bombea sangre con mayor rapidez y la envía a los músculos, por si hay que correr o defenderse, se crean más plaquetas y se pone en marcha el sistema inmunológico por si hay alguna herida. Sientes fatiga y hambre, tus células cargadas de lípidos liberan grasa en el flujo sanguíneo, la grasa acumulada se transforma en colesterol y envejeces tres mil veces más rápido de lo normal.

La felicidad, la sonrisa, la risa y el enamoramiento, produce micro reparadores y micro rejuvenecedores, que mejoran la calidad de vida de todo ser humano.

El enojo es una sobrecarga de energía acumulada, que se genera cuando un obstáculo se interpone en el camino hacia a un objetivo que te hayas propuesto. Cuando quieres que ocurra algo y un impedimento obstruye tu posibilidad de lograrlo, se gatilla la sobrecarga de energía, te frustras y te enojas.

El enojo, como toda emoción, es provocado por un disparador.

¿Cuáles son las cosas que disparan tu enojo?

¿Cómo descargas la sobre carga de energía del enojo?

¿Cómo haces saber a alguien que estás enojado?

¿Qué quieres que le pase a la persona con la que te enojaste?

¿Qué haces para que se te pase el enojo?

¿Qué puedes hacer para expresar tu enojo productivamente?

Es muy importante que analices tus respuestas a las preguntas formuladas, porque te permiten observarte, conocerte, estar atento y tramitar mejor tu enojo.

La intensidad y duración de tu enojo dependerá de tu interpretación del hecho sucedido, de la conversación interna que tengas sobre él, de las conclusiones que tú saques sobre el obstáculo que apareció en tu camino y de la calidad de gestión que hagas de esta emoción. La interpretación de un hecho no es la misma para todos, algo que enoja a una persona puede no enojar a otra.

¿Qué puedes esconder detrás del enojo?

Impotencia por no conseguir lo que deseas.

Tristeza por no sentirte amado.

Dolor por heridas del pasado.

Impaciencia por estar cansado de esperar.

Miedo o temor a perder lo que tienes.

Inseguridad por no creer en ti.

Decepción por tener demasiadas expectativas.

Incomunicación por no saber expresar emociones.

Autodestrucción al tener un código aprendido de autosabotaje.

El enojo requiere una descarga. Al ser una sobrecarga de energía que está dentro de ti, necesitas liberarla.

El propósito inicial del enojo, de esta sobrecarga de energía, es darte más fuerzas para resolver el obstáculo que te impide llegar a tu objetivo. Por eso, es tan importante aprender a hacer una buena gestión del enojo y utilizar esta energía para tu beneficio, para abrir posibilidades que te permitan solucionar el desafío y lograr los resultados que quieres.

RESPUESTAS DEL ENOJO

Las repuestas de tu enojo pueden ser de tres tipos:

Explosiva: cuando descargas el exceso de energía en el otro. Es un error creer que explotando te vas a sentir bien, aunque es cierto que con el estallido sueltas la tensión acumulada, esta sensación de alivio es muy breve y es remplazada por la culpa, la vergüenza y la tristeza.

Implosiva: cuando descargas en ti el exceso de energía, afectas seriamente a tu cuerpo y puedes llegar a enfermarte.

Asertiva: cuando la descarga del exceso de energía no va ni muy afuera ni muy adentro. Chequeas cuál es la dificultad y cómo utilizar esa sobrecarga para reparar, o sea, redirigir esa energía extra para arreglar el impedimento y lograr lo que quieres, transformándolo en un enojo que construye. La descarga es asertiva cuando expresas tu emoción del enojo de manera respetuosa y resolutiva.

Cuando estés muy enojado, siéntate a reflexionar sobre el conflicto para encontrar la solución.

DEL ENOJO QUE DESTRUYE AL ENOJO QUE RESUELVE:

1.   **Sobrecarga de energía:** surge de la frustración que te produce el obstáculo que se interpone entre tú y tus metas. No puedes evitar la sobrecarga que inicialmente se dispara para que puedas vencer o resolver lo que interfiere entre tú y lo que quieres. La intensidad de esta sobrecarga dependerá de tus juicios o interpretaciones.

2.   **Deseo de castigo:** ¿Para qué quieres castigar al otro? ¿Qué quieres que le ocurra a la persona con quien te enojaste? ¿Qué generas al descargarte con ella? ¿Qué beneficio obtendrás después de hacerlo? Si tratas de producir dolor a otro por lo que tú sientes, el famoso «ojo por ojo, diente por diente», haciéndole juicios de valor (porque tú eres...) u otras cosas, es importante que sepas que estás utilizando el recurso más primario y disfuncional que tienes, que lejos de mejorar la situación, la empeora. Por lo tanto, con esta actitud vas a afectar seriamente o a dar por terminada tu relación con esa persona.

3. Comunicar lo que te sucede: ¿Has verificado si hubo promesas antes de efectuar un reclamo? ¿Puedes probar con hechos, las interpretaciones que provocaron tu enojo? ¿La manera en la que le muestras a la otra persona tu enojo te acerca a tus objetivos y aporta algo bueno a la relación? Puedes decirle a la otra persona lo que ocurre sin juicios. Si reconoces que te sientes enojado y se lo comunicas al otro, de manera adecuada, calmada y respetuosa, sin desvalorizar, puedes tener una conversación constructiva, para hacer acuerdos y para solucionar los conflictos.

4. Propuesta resolutiva: ¿Diseñas conversaciones para resolver tu enojo? ¿Qué pedidos y ofertas realizas para hacer acuerdos? ¿Aceptas una negativa a tus pedidos? Si tu respuesta es no ¿Son pedidos u órdenes? ¿Hablas como si tus juicios fueran verdades? ¿Puedes escuchar lo que dice la otra persona o sólo te escuchas a ti cuando te enojas? ¿Qué es lo que te aporta más beneficios para resolver el conflicto y lograr el resultado deseado?

Anclarte en el aquí y ahora te ayuda a calmarte. Reflexiona, si entiendes que lo que pasó estaba dentro de las opciones, lo aceptas, aprendes del suceso y lo sueltas, te tranquilizas. Por otro lado, puedes redireccionar la energía hacia el objetivo y utilizar tu creatividad para encontrar la forma de reparar el inconveniente. Incluso, hacer acuerdos con otra persona, mediante pedidos, ofertas y promesas, de manera que juntos logren aclarar las objeciones y alcancen el resultado que ambos quieren.

Algunos recursos que ayudan cuando te enojas:

Realiza varias respiraciones profundas. Tranquilízate. Camina. Toma consciencia de qué estás sintiendo. Piensa antes de actuar. Sé empático, respetuoso y amable. Escucha. Reflexiona sobre lo ocurrido y pregúntate: ¿Qué puedo aprender de lo sucedido? Sin hacer juicios ni buscar culpables, centra tu foco en tu objetivo y no te obsesiones con el obstáculo. Es decir, redirecciona la energía hacia tu propósito y diseña el camino para conseguir lo que quieres.

No te quedes rumiando la dificultad, usa la energía que te disparó el enojo para pensar en cómo resolverla. Si cuando te enojas miras al pasado, vas a seguir enojado, aunque si conduces la energía hacia tu meta, viendo y creando recursos para alcanzarla vas a generar una emoción llamada entusiasmo.

El entusiasmo es la exaltación del ánimo, que se produce cuando algo te cautiva o apasiona. Para los griegos, entusiasmo quiere decir «tener un dios dentro de sí». La persona entusiasmada, por lo tanto, es aquella que guiada por la fortaleza y la sabiduría de un dios, es capaz de hacer que ocurran las cosas que quiere.

EL SAMURAI Y EL PESCADOR. Richard Kim

Cuento Zen

Durante la ocupación Satsuma de Okinawa, un Samurái que le había prestado dinero a un pescador, hizo un viaje para cobrarlo a la provincia Itoman, donde vivía el pescador.

No siéndole posible pagar, el pobre pescador huyó y trató de esconderse del Samurái, que era famoso por su mal genio. El Samurái llegó al hogar del pescador y al no encontrarlo ahí, lo buscó por todo el pueblo. A medida que se daba cuenta de que se estaba escondiendo se iba enfureciendo.

Finalmente, al atardecer, lo encontró bajo un barranco que lo protegía de la vista. En su enojo, desenvainó su espada y le gritó:

—¿Qué tienes que decirme?

El pescador replicó:

—Antes de que me mate, me gustaría decir algo. Humildemente le pido esa posibilidad.

El Samurái dijo:

—¡Ingrato! Te doy dinero cuando lo necesitas, te doy un año para pagarme y me retribuyes de esta manera. Habla antes de que cambie de parecer.

—Lo siento —dijo el pescador. Lo que quiero decir es que acabo de comenzar el aprendizaje del arte de la mano vacía y la primera cosa que he aprendido es el precepto:

—Si alzas tu mano, restringe tu temperamento; si tu temperamento se alza, restringe tu mano.

El Samurái quedó anonadado al escuchar esto de los labios de un simple pescador. Envainó su espada y dijo:

—Bueno, tienes razón. Pero acuérdate de esto, volveré en un año a partir de hoy, y será mejor que tengas el dinero.

Y se fue. Había anochecido cuando el Samurái llegó a su casa y, como era costumbre, estaba a punto de anunciar su regreso, cuando se vio sorprendido por un haz de luz que provenía de su habitación, a través de la puerta entreabierta. Agudizó su vista y pudo ver a su esposa tendida durmiendo y el contorno impreciso de alguien que dormía a su lado. Muy sorprendido y explotando de ira se dio cuenta de que era un Samurái.

Sacó su espada y sigilosamente se acercó a la puerta de la habitación. Levantó su espada preparándose para atacar a través de la puerta, cuando se acordó de las palabras del pescador:

—Si tu mano se alza, restringe tu temperamento; si tu temperamento se alza restringe tu mano.

Volvió a la entrada y dijo en voz alta.

—He vuelto. —Su esposa se levantó, abriendo la puerta salió junto con la madre del Samurái para saludarlo. La madre vestida con ropas de él. Se había puesto ropas de Samurái para ahuyentar intrusos durante su ausencia.

El año pasó rápidamente y el día del cobro llegó. El Samurái hizo nuevamente el largo viaje. El pescador lo estaba esperando. Apenas vio al Samurái, este salió corriendo y le dijo:

—He tenido un buen año. Aquí está lo que le debo y además los intereses. No sé cómo darle las gracias.

El Samurái puso su mano sobre el hombro del pescador y dijo:

—Quédate con tu dinero. No me debes nada. Soy yo el endeudado.

Capítulo 14

EL MIEDO

«El miedo y el ego bloquean nuestra sabiduría interior. El amor nos conecta con ella y nos hace libres». Cris Bolivar

El miedo es una emoción que tiene mala fama, ya que desde tu infancia, probablemente hayas escuchado que no debes tener miedo, que si sientes miedo eres cobarde, que los valientes no sienten miedo, etc., esto hace mucho daño.

Culturalmente se ha considerado al miedo como una emoción indigna o negativa, y esto no es así. El miedo es una emoción universal. Todos sentimos miedo en algún momento de nuestras vidas.

No puedes evitar sentir miedo y es muy útil que lo experimentes, porque el miedo te revela la desproporción que hay entre las habilidades o herramientas que tú tienes para resolver y las situaciones que interpretas como peligrosas. El miedo te muestra que recursos debes desarrollar para solucionar eso que ves como una amenaza para ti, frente a ciertas circunstancias de tu vida, reales o imaginarias.

En otras palabras, el miedo es una señal que te indica que existe una desigualdad entre la magnitud de algo que percibes u observas como arriesgado y los recursos que tú crees que tienes. Si aceptas que tienes miedo y aprendes lo que necesitas, si desarrollas lo que precisas para enfrentar la situación, el miedo se desvanece.

El miedo se manifiesta en tu cuerpo, como una sensación desagradable, tu pulso se acelera, puedes sudar y temblar. También, es posible que experimentes sequedad en la boca o que se te cierra la garganta. Asimismo, que tenses el cuello y la zona inferior de la espalda, la mandíbula y el ceño. Puedes llegar a inmovilizar tu pelvis, trabar las rodillas y empalidecer.

Cuando tienes miedo tu expresión facial cambia. Tus cejas se presentan elevadas, rectas y tensas. Tus párpados se contraen, se ve la parte blanca de tus ojos, que asoma por arriba y por debajo del iris y tu boca cerrada, con los labios estirados y apretados, orientados hacia las orejas.

Todas estas reacciones que tu cuerpo expresa tienen como finalidad, comunicarte a ti y a tu entorno que existe una situación que tú interpretas como amenazadora. Esta es una información valiosa para que tú y/o los otros tomen decisiones para enfrentar o evitar el peligro.

Cuando el tipo de miedo psicológico se refiere a algo que podría pasar, no a algo que está ocurriendo ahora, se crea una brecha de ansiedad porque puedes hacerle frente al momento presente pero no al futuro. Mientras estés identificado con la mente, el ego gobernará tu vida, pues a pesar de sus elaborados mecanismos de defensa, él es muy vulnerable e inseguro.

El miedo por algo que podría ocurrir en el futuro parece tener muchas causas pero, en realidad, es el miedo del ego a la muerte, que en estado de identificación, afecta todos los aspectos de tu vida. Una vez que dejes de identificarte con la «voz de tu mente», siendo consciente de lo que sientes en el momento presente, el patrón inconsciente del miedo se disuelve rápido y ya no hay actitud defensiva ni ansiedad.

¿Cuándo sientes miedo? ¿Qué te genera miedo? ¿Qué interpretas como peligroso? ¿Para qué sientes miedo? ¿Qué recursos tienes y cuáles crees que debes crear para resolver la amenaza? ¿Qué eliges o qué quieres hacer?

El miedo puede ser causado por una interpretación real o imaginaria del presente, pasado o futuro y no sólo lo sientes en todo tu cuerpo, sino que también reaccionas ante él.

Si desvalorizas al miedo y crees que no tienes que sentirlo, es probable que generes una segunda emoción como el enojo. Así, el enojo lo tapa. O si tienes temor y lo anestesias, en este caso, es probable que aparezca la culpa. De esta manera no trabajas el miedo, no lo tramitas.

Entonces, el miedo puede transformarse en muchos y diversos síntomas somático, por ejemplo sufrir insomnio. También, puedes paralizarte, esto sucede cuando le tienes miedo al miedo.

Si tú no asistes al miedo adecuadamente, él no desaparece. Permanece escondido en la profundidad de tu Ser, continúa creciendo, cambiando su intensidad, hasta que un día estalla en un ataque de pánico. El ataque de pánico es miedo no gestionado.

Resignificando el miedo:

El miedo disfuncional es aquel que te inhibe, te angustia, te paraliza, dispara otras emociones para ocultarlo y te puede provocar variados síntomas físicos.

El miedo funcional es el que utilizas como indicio para desarrollar los recursos que te faltan y alcanzar los resultados que quieres o para que, esa señal te permita cambiar tu mirada y reinterpretar lo que percibes como peligro cuando no lo hay.

La condición psicológica del miedo se presenta de muchas formas: incomodidad, preocupación, ansiedad, nerviosismo, tensión, temor, fobia, estrés, etc. y sus consecuencias psicosomáticas.

Entonces, para asistir al miedo, lo mejor es aceptar con amor lo que estás sintiendo, consolidar tu autoestima y confianza, ser humilde, comprometerte, distinguir y aprender lo que necesites, hacer un plan de actividades, tomar de la mano al temor y accionar.

Te daré un ejemplo personal de un accidente automovilístico, que tuve hace muchos años.

Era una hermosa y soleada mañana. Yo conducía por una vieja y angosta ruta paraguaya que no tenía banquinas, sólo barrancos a ambos lados.

Delante mío, había un camión, con cabina y doble acoplado. Le di las luces y me respondió permitiéndome el paso. Mientras avanzaba en contramano, yo veía la ruta recta y vacía, con algunas ilusiones ópticas de agua brillando sobre ella. De pronto, apareció otro gran camión frente a mí, acercándose velozmente.

Obviamente, había sido otra ilusión óptica, la ruta no era recta, tenía una bajada que ni el camionero que me dio acceso ni yo, habíamos visto. En segundos, evalué mis opciones. Lo único que podía hacer era pasar a toda velocidad entre los dos gigantes. Trabé los brazos y aceleré de frente a ese inmenso vehículo rojo, que se acercaba increíblemente rápido. Luego, con una maniobra mínima, pasé como un rayo entre los dos camiones, un segundo antes que ellos se cruzaran. Hice tres ondulaciones para estabilizar el auto, pero una rueda mordió el borde de la ruta. El coche se levantó de lado, siguió avanzando, mi puerta chispeaba hasta que volcó, bajó todo el barranco, siguió por la llanura y se detuvo a medio metro de un gran árbol.

Nos salvaron los cinturones de seguridad. Mi acompañante y yo salimos ilesos por la luneta trasera, con la ayuda de muchas personas que aparecieron de repente. La gente estaba aterrorizada, decían:

—Ella pasó bien, aunque a una velocidad increíble.

Todos me atendían asustados, y yo repetía:

—Estoy bien, estoy bien.

Pero el verdadero impacto lo tuve cuando unos hombres dieron la vuelta el coche y vi cómo había quedado, no entendía cómo logramos salir vivos y sin un rasguño. El seguro me dijo que el auto había quedado en destrucción total.

Al volver a casa, en la Ciudad de Buenos Aires no necesitaba conducir y no lo hice.

Años después, fui a vivir a una zona de playas en Nueva York y la única manera de movilizarme era conduciendo un automóvil.

Cuando me senté frente al volante y lo puse en marcha, empecé a temblar, a agitar y a llorar, no podía avanzar del miedo que tenía. Me parecía insólito.

Después de asociar la causa, pensé ¿voy a depender siempre de alguien o voy a superar mi miedo para ser independiente? Acepté lo que sentía e hice un plan de acción y un compromiso conmigo. Lavaría el auto y al mismo tiempo limpiaría toda la basura que tenía en la cabeza, todo lo que me limitaba, subiría y manejaría, aunque fuera sólo una calle.

Y así lo hice, conduje una calle llorando y volví. Respiré, me calmé y volví a hacerlo un poco más lejos, sintiéndome más serena. Repetí la acción varias veces aumentando a distancia, hasta que pude manejar tranquilamente, hasta un negocio que estaba a un kilómetro y medio. Desde ese momento, pude pilotear diferentes vehículos, sin ningún problema.

Así gestioné ese miedo que, en el momento que aconteció el hecho, no lo asistí correctamente. Él había quedado escondido y fue creciendo en mi interior.

¿CÓMO UTILIZAR EL MIEDO A TU FAVOR?

Comprende que el miedo es una señal que te avisa que hay un desbalance entre lo que percibes, tus interpretaciones, tus recursos y el hecho real o imaginario, al que ves como amenaza.

Observa tu cuerpo cuando muestra tu miedo y acéptalo.

Distingue qué es lo que sientes como amenaza. Al ver lo que percibes como intimidante, podrás buscarlos recursos que necesitas para afrontar la situación.

Escucha al aspecto temeroso. ¿Qué te da miedo? ¿Cuál es la causa? ¿Qué te está avisando?

Reconócelo, legitímalo, viéndolo como un aviso para detectar que herramientas o aprendizajes te están faltando y adquiérelos.

Pide y ofrece lo que necesites ¿Qué te haría sentir mejor en esta situación?

Comprométete y realiza un plan de acción para lograr lo que quieres.

Tratarte con amor, aceptación y compasión.

Enfrenta el miedo y acciona.

En otras palabras, toma de la mano a tu miedo, con todo tu amor, sigue caminando y enfrentando desafíos, mientras aprendes lo que necesitas para llegar a tus objetivos.

«EL AMOR» Carta de autor desconocido

Cuando propuse la teoría de la relatividad, muy pocos me entendieron, y lo que te revelaré ahora para que lo transmitas a la humanidad también chocará con la incomprensión y los perjuicios del mundo.

Te pido aún así, que la custodies todo el tiempo que sea necesario, años, décadas, hasta que la sociedad haya avanzado lo suficiente para acoger lo que te explico a continuación.

Hay una fuerza extremadamente poderosa para la que hasta ahora la ciencia no ha encontrado una explicación formal. Es una fuerza que incluye y gobierna a todas las otras, y que incluso está detrás de cualquier fenómeno que opera en el universo y aún no haya sido identificado por nosotros. Esta fuerza universal es el AMOR.

Cuando los científicos buscaban una teoría unificada del universo olvidaron la más invisible y poderosa de las fuerzas.

El Amor es Luz, dado que ilumina a quien lo da y lo recibe. El Amor es gravedad, porque hace que unas personas se sientan atraídas por otras. El Amor es potencia, porque multiplica lo mejor que tenemos, y permite que la humanidad no se extinga en su ciego egoísmo. El Amor revela y desvela. Por Amor se vive y se muere. El Amor es Dios, y Dios es Amor.

Esta fuerza lo explica todo y da sentido en mayúsculas a la vida. Ésta es la variable que hemos obviado durante demasiado tiempo, tal vez porque el Amor nos da miedo, ya que es la única energía del universo que el ser humano no ha aprendido a manejar a su antojo.

Para dar visibilidad al Amor, he hecho una simple sustitución en mi ecuación más célebre. Si en lugar de $E= mc2$ aceptamos que la energía para sanar el mundo puede obtenerse a través del Amor multiplicado por la velocidad de la luz al cuadrado, llegaremos a la conclusión de que el Amor es la fuerza más poderosa que existe, porque no tiene límites.

Tras el fracaso de la humanidad en el uso y control de las otras fuerzas del universo, que se han vuelto contra nosotros, es urgente que nos alimentemos de otra clase de energía. Si queremos que nuestra especie sobreviva, si nos proponemos encontrar un sentido a la vida, si queremos salvar el mundo y cada ser sintiente que en él habita, el Amor es la única y la última respuesta.

Quizás aún no estemos preparados para fabricar una bomba de Amor, un artefacto lo bastante potente para destruir todo el odio, el egoísmo y la avaricia que asolan el planeta. Sin embargo, cada individuo lleva en su interior un pequeño pero poderoso generador de Amor cuya energía espera ser liberada.

Cuando aprendamos a dar y recibir esta energía universal, querida Lieserl, comprobaremos que el Amor todo lo vence, todo lo trasciende y todo lo puede, porque el amor es la quinta esencia de la vida.

Lamento profundamente no haberte sabido expresar lo que alberga mi corazón, que ha latido silenciosamente por ti toda mi vida. Tal vez, sea demasiado tarde para pedir perdón, pero como el tiempo es relativo, necesito decirte que te quiero y que gracias a ti he llegado a la última respuesta.

Tu padre.

Capítulo 15

LA ALEGRÍA

«La vida es como un espejo, si sonrío, el espejo me devuelve la sonrisa. La actitud que tome frente a la vida es la misma que la vida tomará ante mí». Mahatma Gandhi

La alegría es una emoción que se define como una condición interna de satisfacción.

La puedes sentir cuando logras algo por lo que has estado trabajando, por una buena noticia, por ver a alguien que es de mucha importancia para ti, por compartir tiempo de gratificaciones con tu familia o amigos. Asimismo, por tener una buena conversación, mientras realizas actividades que te gustan y muchas cosas más que te dan placer y bienestar.

Por supuesto, la actitud que elijas, tu manera de observarte, de ver a los otros, a tus circunstancias y al mundo, te pueden abrir o cerrar posibilidades para sentirte alegre.

Si escoges vivir en amor, si decides agradecer a la vida y a tus semejantes, si tienes una mirada positiva, solidaria y compasiva, las posibilidades de sentir alegría aumentan y el estrés se desvanece.

La alegría se expresa con los labios estirados y los pómulos levantados, se manifiesta con la sonrisa o risa.

La sonrisa protege tu equilibrio anímico, físico, psicosomático y social. Mejora tu vitalidad, optimismo, creatividad, seguridad y el funcionamiento de tus actividades mentales, pues estimula la armonía del sistema nervioso central y endócrino, al desencadenar una especial respuesta motora.

La sonrisa necesita de la perfecta sincronización de cuarenta y seis músculos faciales, propios de la mímica y expresión, cuyo estímulo llega al cerebro dando lugar a:

1 – La estimulación del hipotálamo con producción de betaendorfinas que aumenta tu sensación de bienestar y fortalece tu sistema inmunológico. Disminuye tu estrés, otros efectos físicos y psíquicos producidos por el cortisol, llamada la hormona de la tensión, que es muy dañina para las neuronas cerebrales. Alivia tu dolor y tu angustia. Y favorece a que sientas interés, prestes atención y tengas buena concentración.

2 – La estimulación del timo que segrega sustancias que estabilizan tu sistema nervioso y mejoran el funcionamiento de tu cerebro, provocando finalmente sensaciones de bienestar cuando sonríes.

3 – El aumento de los niveles de serotonina disminuida por el estrés y la depresión siendo, por ello, una excelente ayuda contra la actitud abatida y depresiva.

Si por alguna razón no puedes sonreír, mientras recuperes tu sonrisa espontánea, realiza este ejercicio: pon un lápiz o algo semejante en tu boca, de forma horizontal y muérdelo suavemente. De manera que empuje tus labios hacia atrás, como si estuvieras sonriendo. Se ha comprobado que hace un efecto similar, al que produce la sonrisa. O mírate al espejo y sonríe varias veces al día.

¡Sonríe mucho, no dejes que nadie apague tu brillo! Quien sonríe aprende a ser optimista. El optimismo es el reflejo de una actitud mental positiva y esta actitud mejora la autoestima. Las personas que sonríen llevan una vida más alegre y productiva, tanto en el plano personal como en el profesional.

DA SIEMPRE LO MEJOR DE TI – MADRE TERESA DE CALCUTA

Da siempre lo mejor y lo mejor vendrá.

A veces las personas son egoístas, ilógicas e insensatas.
Aun así perdónalos.

Si eres amable, algunas personas pueden acusarte de interesado.
Aun así sé gentil.

Si eres un vencedor, tendrás algunos falsos amigos y algunos enemigos verdaderos.
Aun así vence.

Si eres honesto y franco, las personas pueden engañarte.
Aun así sé honesto y franco.

Lo que tardas años para construir, alguien puede destruirlo de una hora para otra.
Aun así construye.

Si tienes paz y eres feliz, las personas pueden sentir envidia.
Aun así sé feliz.

El bien que hagas puede ser olvidado mañana.
Aun así haz el bien.

Da al mundo lo mejor de ti aunque eso puede nunca ser suficiente.
Aun así da lo mejor de ti.

Capítulo 16

ESTADOS DE ÁNIMO

«No sólo actuamos de acuerdo a como somos, (y lo hacemos), también somos de acuerdo a como actuamos. La acción genera Ser. Uno deviene de acuerdo a lo que hace.»
Rafael Echeverría

Hablamos de estados de ánimo cuando tu emocionalidad es más permanente, condiciona tus acciones, tu modo de Ser, tu manera de observarte, de mirar la vida y tu relación con el mundo.

Una emoción muy intensa o repetitiva puede convertirse en un estado de ánimo. Ellos son constitutivos del ser humano. Independientemente del lugar en el que te encuentres, siempre vives en un estado de ánimo y te comportas de acuerdo a las características de ese estado.

Los estados de ánimo no son ni buenos ni malos, sólo te abren o te cierran posibilidades. Enmarcan las conductas desde donde tú accionas. Mientras las emociones se gatillan —siendo de corta duración y tienen que ver con la forma en que tú respondes a los sucesos—, los estados de ánimo —siendo más permanentes—, determinan los parámetros de tu comportamiento.

Los estados de ánimo son contagiosos y transportables, por eso habrás escuchado que te cuides y no te relaciones con gente tóxica, ya que con el tiempo te acaba afectando y vas a llevar tu estado de ánimo a donde vayas.

También generan identidad y ellos definen tu relación con el mundo, ya que siempre están tus opiniones detrás de ellos.

Algunos factores que influyen en los estados de ánimo son, por ejemplo, el clima, los diferentes días de la semana, las estaciones del año, las empresas, los países, los espacios llenos o vacíos, entre otros.

¿En qué estado de ánimo estás ahora?

Cuando tú te das cuenta en qué estado de ánimo estás, puedes elegir quedarte en él o realizar alguna intervención que te permita comenzar a modificarlo.

Puedes ir cambiando tu estado emocional desde el lenguaje, por ejemplo, si hablas de forma positiva o no, si das o recibe una buena o mala noticia. Observa, que dependiendo de tu estado de ánimo, tus conversaciones son diferentes y lo que dices puede influir en el estado emocional de otras personas. Si el lenguaje que estás usando, si tus conversaciones internas o externas, te están cerrando posibilidades utiliza otras que te abran oportunidades.

Asimismo, puedes darte cuenta de tu estado emocional por lo que dice tu cuerpo, míralo y escúchalo. Es predecible tu postura corporal si se conoce tu estado de ánimo y viceversa.

Cuando modificas tu estado de ánimo, también lo hacen las posturas de tu cuerpo y al cambiar estas posturas, transformas tu estado anímico. La forma en que te paras y te mueves en el mundo, denota tu estado de ánimo y tu actitud frente a la vida.

Del mismo modo, un cambio desfavorable en tu estado de ánimo produce modificaciones biológicas en tu organismo, como alteración de la frecuencia cardíaca, del nivel de hormonas como el cortisol y otras, dolor de estómago, de cabeza, fatiga, insomnio, etc.

Desde la fisiología, para mejorar tu estado de ánimo puedes hacer algo diferente con tu cuerpo, por ejemplo, saltar, bailar, caminar, hacer deportes, erguir tu columna, pararte con las manos en la cintura, mirar hacia arriba, meditar y mucho más.

Tú eliges cómo quieres sentirte y qué hacer con lo que sientes, desde tus emociones, estados de ánimo, actitud, disposición corporal para la acción, tu lenguaje y la aceptación sin juicios, hasta el amor, cuidado, consciencia, comprensión, confianza, compasión, responsabilidad, compromiso y tu propia transformación.

Si tú identificas que estás en un estado de ánimo que no te gusta (al igual que con las emociones), puedes declarar lo que quieres, cambiar tu mirada e interpretaciones, sin juicios, abriendo nuevas opciones de acción para lograr tu propósito.

Tú estás en el estado de resentimiento cuando te opones, te resistes a las cosas que no puedes cambiar o cuando juzgas que no puedes hacer nada para modificar una situación porque algo o alguien te impide llegar a tu objetivo. Por lo que aparece la figura de un culpable. Este culpable puede ser una persona, un grupo de personas, una empresa, un país, u otros. Desde el resentimiento, culpas al obstáculo y consideras que debes vengarte, es decir, estás culpándolo continuamente y esperando tomar una revancha de él.

El perdón es una herramienta útil para salir del resentimiento, es un acto liberador que te permite dejar de sentir una y otra vez lo mismo y tomar nuevas acciones. Consiste en reconocer lo insustancial del pasado y permitirle al momento presente ser como es, un aspecto esencial para tu transformación interior.

«Perdonar no es olvidar, no es justificar, no es minimizar ni reconciliarse. Perdonar es un proceso personal sin esperar nada del otro. Es un acto que hacemos por nosotros para no quedarnos estancados en el pasado. Perdonar es avanzar y no dejar que lo malo del pasado nos afecte en el presente». Bernardo Stamateas

Puedes sentir tristeza, pero si abandonas la resistencia, debajo de ella sentirás serenidad, paz interior, la emanación del Ser.

Cuando vives en una completa aceptación de lo que es, finaliza el drama de tu vida, y así, termina el conflicto contigo y con el mundo.

Perdonar es un acto voluntario, no significa olvidar, ni reconciliarse con quien crees que te hizo daño. Es una declaración de liberación personal, ya que rompes las cadenas que te atan al victimario y que te mantienen como víctima.

Al perdonar te haces cargo de ti y resuelves ponerle fin a un proceso abierto que te sigue reproduciendo el daño original. Cuando perdonas, reconoces que eres tú el responsable de tu bienestar y te comprometes a mejorar la relación contigo en primer lugar, y con el otro, si crees la situación lo merece.

Perdonarte tiene el mismo efecto liberador que cuando perdonas a un otro, ya que manifiestas tu amor hacia ti y a la vida.

Tú vives en estado de resignación, cuando piensas que puedes modificar alguna cosa en ti para lograr lo que deseas, pero no te crees capaz de hacer nada para producir el cambio. Quizás, otra persona te muestra que hay una solución posible y tú no la ves. Sientes que no hay salida para esa situación. Pierdes la confianza. Te das por vencido y piensas «esto es así, no tengo nada que hacer».

Vivir en estado de resignación o resentimiento en algún ámbito de tu vida, te hace impotente y víctima de las circunstancias, ya que no ves posibilidades para producir el cambio.

«Al salir por la puerta hacia mi libertad supe que, sino dejaba atrás toda la ira, el odio y el resentimiento, seguiría siendo un prisionero». Nelson Mandela

Hay una manera de salir de los estados de resignación o resentimiento. Tú puedes modificar esto. ¿Cómo? Sal de tu zona de confort, suelta tus creencias limitantes, modifica los hábitos que ahora no te sirven, cree en tí, cambia tu modo de observar y tus interpretaciones, se consciente y responsable, comprométete con tu propia transformación, aprende todo lo que necesites y acciona para conseguir los resultados que deseas.

Los líderes viven en estados de ánimo de aceptación, aprendizaje y transformación constante.

El estado de aceptación es el primer paso para lograr un cambio. Si tú aceptas tus fortalezas y tus zonas de mejora, si aceptas que las cosas son como son y no como tú crees que deberían ser, recuperas tu poder y tu protagonismo para alcanzar tus objetivos.

Quejarte es siempre, tu falta de aceptación de lo que es. La verdadera aceptación transmuta esos sentimientos. Lo importante es que pongas tu atención en el presente y seas más consciente.

Toda resistencia interior se experimenta como negatividad y toda negatividad es resistencia. La negatividad va de la irritación a la furia, del humor depresivo a la desesperación suicida.

El ego cree que por medio de la negatividad puede manipular la realidad y conseguirlo que quiere. Una vez que te identificas con alguna forma de negatividad, aun nivel profundamente inconsciente, no quieres abandonarla porque sientes que tu identidad está amenazada. En consecuencia, ignoras o saboteas lo positivo de tu vida.

La negatividad es totalmente antinatural, es un contaminante psíquico del que te puedes liberar con aceptación, estando presente, viviendo el aquí y ahora sin ofrecer resistencia.

«Lo que se resiste persiste, lo que se acepta se transforma».
Carl Jung

La compasión es conciencia, un vínculo profundo entre una persona y todas las criaturas, compartiendo la vulnerabilidad y mortalidad en el nivel de la forma, una vida radiante y eterna en el nivel del Ser.

La entrega es la simple y profunda sabiduría de ceder más que oponerte al fluir de la vida, aceptando el momento presente, sin reservas ni condiciones, sin resistencia. La entrega es perfectamente compatible con la acción, te conecta con la fuente de energía del Ser realzando la calidad de tus acciones.

Si hay miedo y dolor en tu vida puedes transmutarlo en paz y serenidad interior a través de la entrega, la no resistencia, la aceptación de lo que es, dejando de identificarte con la mente.

Cuando te entregas a lo que es, el pasado deja de tener peso y te vuelves completamente presente. La clave es la presencia, el ahora.

Tú puede elegir el estado de serena ambición y mirar hacia el futuro con optimismo y valentía, queriendo superarte, aprender y crecer poniendo el foco de tu atención el ahora.

La aceptación y serena ambición te ayudan a disminuir el estrés y son los estados de ánimo que generan los líderes para para crear su visión y hacer que las cosas sucedan.

Capítulo 17

LA VISIÓN

«Aquel que tiene un por qué vivir, se puede enfrentar a todos los cómos». Friedrich Nietzsche

La distinción de visión sirve para diseñar futuro.

¿Quién estás siendo ahora? ¿Cómo quieres ser en el futuro, en tres, cinco o diez años? ¿Cuál es tú propósito en la vida? ¿Cuáles son tus objetivos? ¿Qué conversación interna te falta (si te falta) para diseñar el futuro que pretendes?

Tú puedes crear tu futuro, la visión que deseas para tu vida. Diseñar futuro es proyectar tu visión de quién quieres ser, cómo te quieres sentir y qué quieres lograr.

«Tu visión se hará más clara cuando mires dentro de tu corazón. Aquel que mira afuera, sueña. Quien mira en su interior, despierta». Carl Jung

El futuro es una conversación interna y es allí donde construyes la visión de cómo tú quieres ser y los resultados que deseas obtener.

Una vez que imagines tu visión, siéntela con tus emociones y tu cuerpo.

La visión es el lugar donde tú quieres llegar y la creas en el presente. Si lo puedes ver en tu cabeza, puedes trazar el camino para lograrlo. Un plan de acción de pequeños pasos, de humildad y aprendizaje, de disciplina y valor para conseguir tu propósito.

Tú, como todos los seres humanos, eres creativo. Diseñar futuro es proyectar algo que hoy no existe en tu vida. Cuando creas tu visión y crees en ti, comienzas a verla como una posibilidad.

Tu visión es el lugar a donde quieres ir, es el punto de llegada. Necesitas visualizar tu propósito para poder trazar el camino, desde tu estado actual hasta tu estado deseado. Es algo que quieres lograr, tu sueño, tu misión, que hoy lo ves con los ojos de tu imaginación.

Tu visión es la oportunidad de un mundo mejor, con la que te involucras y te prometes accionar para convertirla en realidad. Tu amor, entusiasmo, compromiso y responsabilidad es lo que te da fuerza. Es mirar más allá del hoy —aunque la construyas en el presente—, es una visualización mental vívida que representa el futuro que tú quieres. Además, debe ser flexible, por si cambian tus necesidades o elecciones en el camino.

La visión representa tu faro. Tu compromiso y amor te brindan energía, tu confianza te da seguridad y mejores criterios de decisión frente a las situaciones ambiguas, tu disciplina y acción te ayudan a concretarla.

¿Quién y cómo quieres Ser? ¿Qué deseas lograr? ¿Para qué lo quieres hacer? ¿Qué recursos tienes y cuáles vas a adquirir? ¿Cómo te ves y cómo quieres que te vean? ¿Qué valores te distinguen?

Tu visión debe ser más grande que tu estado actual, ser realista, posible de alcanzar en el tiempo que tú te lo propongas, para que tu esfuerzo en la acción tenga sentido. Debe ser detallada, positiva y alentadora, para que en el camino te motive tu trabajo personal. Tiene que ser integradora de tu cuerpo-lenguaje-emoción para ser congruente. También, difundida interna y externamente para responsabilizarte y comprometerte contigo y con tu mundo. Además, consistente y coherente, o sea, una consecuencia de tus valores y convicciones.

¿Dónde vive tu visión? Vive en tus conversaciones internas, con el sólo hecho de dejar de pensar en ella, muere. También, puede existir en las conversaciones con otras personas, en este último caso tu visión será compartida.

¿Quién estás siendo? - ¿Cómo quieres ser?

Entonces, tu visión es una declaración que haces en el presente para diseñar tu futuro y generar tu nuevo mundo pleno de sentido, con la que te comprometes a ser responsable, a aprender, crecer y accionar para hacerla realidad. Esto te ayuda a disminuir tu estrés.

Cuento de los Tres Albañiles. Autor desconocido.

A principios del siglo catorce se estaban plantando en Centroeuropa los cimientos de una magnifica catedral. El maestro de obras era un monje a quien se la había encargado la tarea de supervisar el trabajo de todos los peones y artesanos.

Este monje decidió llevar un estudio acerca de la práctica laboral de los albañiles. Seleccionó tres albañiles en representación de las diferentes aptitudes hacia su profesión.

Se acercó al primer albañil y le dijo:

—Hermano, háblame acerca de tu trabajo.

El albañil dejó por un momento lo que estaba haciendo y contestó:

—Aquí me ves sentado delante de mi bloque de piedra, que mide un metro por medio metro por medio metro. Y con cada uno de los golpes de mi cincel contra la piedra siento que estoy desconchando una parte de mi vida. Mira, tengo las manos endurecidas y llenas de callos, la cara arrugada y los cabellos grises. Este trabajo es el cuento de nunca acabar, lo mismo un día y otro día. Me está matando.

¿Dónde está la satisfacción? Me habré muerto antes de que ni siquiera esté acabada una cuarta parte de la catedral.

El monje se acercó al segundo albañil y le dijo_

—Hermano, háblame de tu trabajo.

—Hermano —contestó el albañil con una voz suave y uniforme—, aquí me ves, sentado delante de mi bloque de piedra que mide un metro por medio metro por medio metro. Y con cada uno de los trazos de mi cincel sobre la piedra siento que estoy labrándome una vida y un futuro. Mira, me ha permitido albergar a mi familia en una casa confortable, mucho mejor de la que yo mismo tuve. Mis hijos van a la escuela. Sin duda tendrán en la vida mucho más de lo que yo tengo. Todo esto ha sido posible gracias a mi trabajo. Al igual que yo le doy a la catedral a través de mi arte, la catedral me da a mí.

El monje se acercó al tercer albañil.

—Hermano —le dijo—, háblame de tu trabajo.

—Hermano —le contestó con una sonrisa y una voz llena de alegría—. Aquí me ves, sentado delante de mi bloque de piedra que mide un metro por medio metro por medio metro. Y con cada una de las caricias de mi cincel sobre la piedra le estoy dando forma a mi destino. Mira como la belleza atrapada dentro de la forma de esta piedra empieza a emerger. Aquí sentado estoy rindiendo un homenaje ya no solo a mi destreza y a las habilidades propias de mi profesión, sino que también estoy contribuyendo a todo aquello que valoro y en lo que creo, un universo —representado por la catedral— donde cada uno da lo mejor de sí mismo en beneficio de todos. Aquí junto a mi bloque de piedra, estoy en paz conmigo mismo y agradecido de que, aunque jamás llegaré a ver terminada esta gran catedral, todavía seguirá en pie después de que pasen mil años, como testigo en honor de lo que hay realmente valioso en todos nosotros y testamento del propósito para el cual el todo poderoso me puso sobre esta tierra.

El monje se fue y reflexionó acerca de todo lo que había estado escuchando. Aquella noche durmió más plácidamente de lo que jamás hubiera hecho anteriormente y a la mañana siguiente, dimitió del cargo como maestro de obras para ponerse de aprendiz con el tercero de los albañiles.

Te invito a reflexionar sobre lo siguiente:

¿Con cuál de los tres albañiles te identificas?

¿Cuál es la interpretación que tú le estás dando a tu vida?

¿Cuál es tu visión?

«Una visión de futuro sin acción es simplemente un sueño; una acción sin visión carece de sentido porque no nos lleva a ningún lado; una visión de futuro puesta en práctica puede cambiar el mundo». Joel Barker

Conclusión

Por mi experiencia personal y profesional, desde mi propio observador, sostengo que aplicando las distinciones y herramientas propuestas, tú puedes gestionar el estrés crónico, reinventarte y lograr lo que quieres.

Tú puedes, si decides trabajar tu Ser, usar el poder del ahora, ser consciente, soltar tus creencias limitantes, salir de tu zona de confort, abrirte al aprendizaje continuo para estar siendo siempre tu mejor versión.

Tú puedes, con amor, aceptación, compasión, compromiso, valentía, disciplina y actitud positiva, cambiar tu mirada, hacer nuevas interpretaciones, gestionar tus emociones, estados de ánimo y crear una nueva realidad.

Tú puedes hacerte responsable de ti, elegir cómo quieres Ser y transformarte siendo coherente (cuerpo-lenguaje-emoción) contigo y con el mundo.

Tú puedes maximizar tu potencial, confiar, adquirir nuevos recursos que te abran posibilidades personales y profesionales.

Tú puedes comunicarte con eficiencia, escuchar activamente, relacionarte con alegría, realizar acuerdos contigo y con otros, obteniendo resultados que los beneficien a todos.

Tú puedes diseñar tu futuro, declarar lo que quieres y comprometerte con hacer que las cosas que deseas sucedan.

Tú puedes aprender todo lo que necesites para adaptarte a este mundo cambiante e impredecible, vivir el presente en paz accionando con sentido y excelencia para alcanzar tus propósitos.

De esta manera, tú puedes ser el líder de tu propia vida, gestionar el estrés crónico, mejorando tu salud física, psíquica y cognitiva. Transformarte en quien decidas Ser, logrando lo que quieres en tu vida personal y profesional.

«Aunque nada cambie, si yo cambio, todo cambia.»
Marcel Proust

Agradecimientos

Le agradezco a la vida, a mi familia, amigos, maestros y a esas amorosas personas que conocí por el mundo.

Muchas gracias a ti que estás leyendo. Me encantaría que dejes tu reseña y/o te comuniques conmigo cuando quieras. Te abrazo con el alma.

ME ENCUENTRAS:

E-mail:

ro_rossi@outlook.com

LinkedIn:

https://www.linkedin.com/in/rosana-rossi-594b1752/

Instagram:

https://www.instagram.com/rosanarossi.ocampo/

Páginas de Facebook:

https://www.facebook.com/reinventarseycrecer/

https://www.facebook.com/rosanarossi.ocampo/